近畿圏版② 使いやすい! 教えやすい! 家庭学習に最適の問題集!

追手門学院小学校

2020・2021 年度過去問題を掲載

関西大学初等部

2020・2021 年度過去問題を掲載

2022 年度版 過去問題集

<問題集の効果的な使い方>

①お子さまの学習を始める前に、まずは保護者の方が「入試問題」の傾向や難しさを確認・把握します。その際、すべての「学習のポイント」にも目を通しましょう。
②入試に必要なさまざまな分野学習を先に行い、基礎学力を養ってください。
③学力の定着が窺えたら「過去問題」にチャレンジ!
④お子さまの得意・苦手がわかったら、さらに分野学習を進めレベルアップを図りましょう!

合格のための問題集

追手門学院小学校		関西大学初等部	
記憶	Jr・ウォッチャー 20「見る記憶・聴く記憶」	お話の記憶	お話の記憶問題集　中級編
図形	Jr・ウォッチャー 3「パズル」	言語	Jr・ウォッチャー 18「いろいろな言葉」
言語	Jr・ウォッチャー 17「言葉の音遊び」	常識	Jr・ウォッチャー 12「日常生活」
口頭試問	新口頭試問・個別テスト問題集	常識	Jr・ウォッチャー 56「マナーとルール」
行動観察	Jr・ウォッチャー 25「生活巧緻性」	推理	Jr・ウォッチャー 58「比較②」

●資料提供●

くま教育センター

ISBN978-4-7761-5379-5

C6037 ¥2300E

9784776153795

定価 2,530 円

(本体 2,300 円+税 10%)

1926037023005

日本学習図書 ニチガク

ニチガク式学習支援!!

日本学習図書（ニチガク）

ニチガクの家庭学習支援

Web学習サポートサービス

こんなこと…ありませんか？

「ニチガクの問題集…買ったはいいけど、、、

この問題の教え方がわからない（汗）」

メールでお悩み解決します！

☆ ホームページ内の専用フォームで必要事項を入力！

☆ 教え方に困っているニチガクの問題を教えてください！

☆ 確認終了後、具体的な指導方法をメールでご返信！

☆ 全国どこでも！ スマホでも！ ぜひご活用ください！

<質問回答例>

学習のポイント

推理分野の学習では、後の学習に活きる思考力を養うことができます。ご家庭で指導する場合にも、テクニックにたよらず、保護者の方が先に基本的な考え方を理解した上で、お子さまによく考えさせることを大切にして指導してください。

Q.「お子さまによく考えさせることを大切にして指導してください」と学習のポイントにありますが、考える習慣をつけさせるためには、具体的にどのようにしたらいいですか？

A.お子さまが考える時間を持てるように、質問の仕方と、タイミングに工夫をしてみてください。
たとえば、「答えはあっているけど、どうやってその答えを見つけたの」「答えは○○なんだけど、どうしてだと思う？」という感じです。はじめのうちは、「必ず30秒考えてから手を動かす」などのルールを決める方法もおすすめです。

まずは、ホームページへアクセスしてください!!

http://www.nichigaku.jp　日本学習図書　検索

目指せ！合格！

家庭学習ガイド
追手門学院小学校

ペーパー　行動観察　運動　個別テスト　巧緻性　保護者面接

入試情報

応募者数：男女 188 名
出題形態：ペーパーテスト、個別テスト（ノンペーパー）
面　　接：保護者
出題領域：ペーパーテスト（見る記憶、数量、推理、言語など）、
個別テスト（お話の記憶、常識、数量、図形、推理など）、
運動、行動観察、巧緻性（ひも結び、筆記用具の持ち方、箸使い）

入試対策

入試は実施時期以外は例年と変更なく行われました。当校の入学試験は、姿勢（気をつけ、休め、椅子の座り方）、返事、ひも結び、筆記用具や箸の持ち方など、基本的な生活習慣が観られる問題が例年出題されています。これらは試験課題として学習するものではなく、日常生活の中で身に付けておくべきものです。当校が家庭での躾やお子さまとの関係を重要視しているので、ペーパーテストの対策だけでなく、幅広い対策が必要となります。

- 個別テストでは「お話の記憶」の問題が例年出題されています。また、「常識」「数量」「図形」「推理」などの問題がペーパーテストとは異なる方法で出題されます。

- ペーパーテストは、多分野（見る記憶、数量、推理、言語など）から出題されます。基礎的な力を計る問題が多いので、落ち着いてケアレスミスのないようにしてください。

- 「運動」「行動観察」「巧緻性」の分野では、身体能力や器用さ以上に、協調性や生活習慣、取り組みの姿勢が評価の対象となっています。指示も細かくされるので、日頃からきちんと人の話を聞けるように心がけてください。

「追手門学院小学校」について

〈合格のためのアドバイス〉

当校の考査で大きな観点となっているのは日常生活の中で、自然と身に付いてほしい「姿勢」です。説明会で実演される「振る舞い」についての課題は顕著ですが、ペーペーテストに加えて個別テストも実施されるということからもうかがえます。自分の考えを自分の言葉で伝えるためには、経験や実体験を伴ったより深い理解が必要とされます。言葉も数もマナーもすべて生活の中にあるものです。机の上での学習だけでなく、子育ての過程において、お子さまに何を経験させるかを意識しましょう。

特に前述した個別テストで出題される正しい姿勢や返事については、試験のために訓練するのではなく、日常生活で、正しく振る舞えるようにしなければ意味がありません。繰り返しますが、入学試験全体を通して言えることとして、保護者のしっかりとした教育観に基づいた躾やお子さまの感性の豊かさを重要視しているということです。ペーパーテストでも見る記憶、数量、推理、言語など幅広い分野から出題されていますので、バランスのよい学習と基礎学力の定着は必要です。机上の学習を計画的に取り組みながらも、お子さまの感性・知的好奇心を育むよう指導されることをおすすめします。面接は10～15分程度で、父親には「お子さまにどのような力を身に付けてほしいか」など、母親には「家庭での約束事」「食事のマナーで気を付けていること」など、それぞれに異なる質問がされています。

〈2021年度選考〉

◆保護者面接（考査日前に実施）
◆個別テスト（考査日午前）：お話の記憶、常識、数量、図形、推理など
◆ペーパーテスト（考査日午後）：見る記憶、数量、推理、言語など
◆運動・行動観察（考査日午後）：
◆巧緻性（考査日午後）：ひも結び、箸使いなど

◇過去の応募状況

2021年度	男女 188名
2020年度	男女 196名
2019年度	男女 190名

入試のチェックポイント

◇受験番号は…「当日抽選」
◇生まれ月の考慮…「あり」

〈本書掲載分以外の過去問題〉

◆記憶：絵を覚えて、その絵の内容について口頭で答える。［2016年度］
◆数量：赤・青・黄のブロックを使った計数・加算・減算。［2015年度］
◆推理：扇風機を4方向から見た時のそれぞれの見え方。［2015年度］
◆常識：絵の中で1つだけ季節の違うものを指さす。［2015年度］
◆図形：左側の形を真ん中の線で右側にパタンと倒した時の形を書く。［2013年度］
◆図形：選択肢がすべて見本と同じかどうかを観察する。［2013年度］

目指せ！合格！

家庭学習ガイド

関西大学初等部

ペーパー　行動観察　親子面接

入試情報

応募者数：男女 119 名

出題形態：ペーパーテスト

面　　接：保護者・志願者

出題領域：ペーパーテスト（常識、言語、推理、図形、数量など）、行動観察

入試対策

2021 年度入試（2020 年に実施）は、例年通り考察日前に保護者・志願者同時に 15 分程度の面接を行い、9 月 18 日にペーパーテストと行動観察を行うという形で実施されました。ペーパーテスト（試験時間 45 分程度）の内容は、「常識、言語、推理、図形、数量」など広範囲に渡ります。幅広い分野を学習し、当校独特の出題にも対応できる対策が必要でしょう。
行動観察もグループの人数を少なくした以外は、大きな変更はなく、簡単な指示行動と巧緻性を試すといった内容です。

●試験時間に対して問題数が多く、スピードと正確さが要求されます。家庭学習の際も解答時間を制限するなどの工夫をしてください。

●面接は 12 年間の一貫教育に関する質問です。例えば、進学のこと、学園全体に対することなども聞かれるので、事前の情報収集は必須です。また、15 分程度の面接時間の中で、志願者への質問が約 2/3 を占めました。

●常識分野、言語分野において、当校独特の難問が出題されます。生活に密着した問題なので、ふだんから保護者の方が意識して日常の暮らしの中に学習を取り入れていきましょう。

「関西大学初等部」について

＜合格のためのアドバイス＞

　ペーパーテストでは、例年通り、カラープリントや電子黒板を使用した出題が行われました。常識、言語、推理、図形、数量など、広範囲に渡る分野から出題されました。当校の特徴を一言で言えば、「生活の中の学習」となります。難問と呼べる出題もありますが、たいていの問題は、日頃から目にしたり耳にしたりするものから出題されています。日常生活において身に付けたものが、そのまま入試対策につながるのだと考えましょう。

　また、ただ身に付けるのではなく、そのことをどのように利用するのかという「応用力」も必要になってきます。

　行動観察では、ほかのお子さまと協力して課題に取り組む、決められたルールを守る、ほかのお子さまを積極的に遊びに誘う、といった社会性や協調性を観る自由遊びや集団制作が中心です。入学後の集団生活がスムーズに行えるかどうかが観点と言えるでしょう。

　面接においては、以前から、一貫教育に関連した、将来に関する質問が多くされてれています。進学や教育方針など家庭内ですり合わせておく必要があるので、事前によく相談しておいてください。また、近年の特徴として、志願者への質問が7割近くを占め、お子さまの回答に対する背景であったり、理由をたずねられることもあります。面接対策としてだけではなく、ふだんの会話の中でも、そういった質問に対応できるようなコミュニケーションを心がけましょう。

〈2021年度選考〉

◆保護者・志願者面接（考査日前に実施）
◆ペーパーテスト：常識、言語、推理、図形など
◆行動観察：自由遊び、集団制作（お絵かき）

◇過去の応募状況

2021年度	男女 119名
2020年度	男女 123名
2019年度	男女 129名

入試のチェックポイント

◇受験番号は…「願書提出順」
◇生まれ月の考慮…「あり」

〈本書掲載分以外の過去問題〉

◆図形：正しいサイコロの展開図はどれか。［2017年度］
◆常識：昔話を順番通りに並べる。［2017年度］
◆推理：クロスワードに当てはまる絵を選ぶ。［2016年度］
◆系列：空いているところに入る形を考える。［2015年度］
◆制作：グループで紙の洋服を作る。［2014年度］
◆数量：アメを動物たちに同じ数ずつ分ける。［2013年度］

(得) 先輩ママたちの声！

◆実際に受験をされた方からのアドバイスです。
是非参考にしてください。

追手門学院小学校

・受験当日まで楽しく勉強に取り組むことが大事だと思いました。

・知能テスト、運動テストだけでなく、生活習慣や態度も評価されるので、家庭の役割が重要だと感じます。

・思っていたよりもお昼休みが長く（約２時間）、子どもがあきないように持っていった迷路の本が役に立ちました。

・個別テストでは見る記憶、数量、巧緻性の問題が出題されます。特に巧緻性の問題は何年も同じものが出題されています。

・規則正しい生活を送ること、お手伝いを徹底して行わせることを大切にして、勉強をしました。

関西大学初等部

・問題に写真やカラーイラストが使われているので、慣れておく必要があると感じました。

・ペーパーテストは、５色（赤、青、黄、緑、黒）のクーピーペンを使用しました。試験時間は45分程度で、試験の一部に電子黒板を使用したようです。訂正の印は＝（２本線）を使用します。

・面接では、志願者への質問の答えに対して「それはどうしてですか」という補足の質問が多かったです。質問は志願者によって異なるようです。

・ペーパーテストの内容は基本から応用まで幅広く出題され、行動観察は指示が聞けているかなどもあわせて観られているようでした。

追手門学院小学校
関西大学初等部
過去問題集

〈はじめに〉

現在、少子化が叫ばれているにもかかわらず、私立・国立小学校の入学試験には一定の応募者があります。入試は、ただやみくもに学習するだけでは成果を得ることはできません。志望校の過去における出題傾向を研究・把握した上で、練習を進めていくこと、その上で試験までに志願者の不得意分野を克服していくことが必須条件です。そこで、本問題集は小学校を受験される方々に、志望校の出題傾向をより詳しく知って頂くために、過去に遡り出題頻度の高い問題を結集いたしました。最新のデータを含む精選された過去問題集で実力をお付けください。

また、志望校の選択には弊社発行の**「2022年度版　近畿圏・愛知県　国立・私立小学校　進学のてびき」**をぜひ参考になさってください。

〈本書ご使用方法〉

◆出題者は出題前に一度問題を通読し、出題内容などを把握した上で、〈準　備〉の欄に表記してあるものを用意してから始めてください。

◆お子さまに絵の頁を渡し、出題者が問題文を読む形式で出題してください。問題を読んだ後で、絵の頁を渡す問題もありますのでご注意ください。

◆**「分野」**は、問題の分野を表しています。弊社の問題集の分野に対応していますので、復習の際の目安にお役立てください。

◆一部の描画や工作、常識等の問題については、解答が省略されているものがあります。お子さまの答えが成り立つか、出題者が各自でご判断ください。

◆〈時　間〉につきましては、目安とお考えください。

◆解答右端の**［〇年度］**は、問題の出題年度です。**［2021年度］**は、「2020年の秋から冬にかけて行われた2021年度入学志望者向けの考査で出題された問題」という意味です。

◆**学習のポイント**は、指導の際にご参考にしてください。

◆**【おすすめ問題集】**は各問題の基礎力養成や実力アップにお役立てください。

〈本書ご使用にあたっての注意点〉

◆文中に **この問題の絵は縦に使用してください。** と記載してある問題の絵は縦にしてお使いください。

◆〈準　備〉の欄で、クレヨンと表記してある場合は12色程度のものを、画用紙と表記してある場合は白い画用紙をご用意ください。

◆文中に **この問題の絵はありません。** と記載してある問題には絵の頁がありませんので、ご注意ください。なお、問題の絵の右上にある番号が連番でなくても、中央下の頁番号が連番の場合は落丁ではありません。

下記一覧表の●が付いている問題は絵がありません。

問題1	問題2	問題3	問題4	問題5	問題6	問題7	問題8	問題9	問題10
								●	●
問題11	問題12	問題13	問題14	問題15	問題16	問題17	問題18	問題19	問題20
問題21	問題22	問題23	問題24	問題25	問題26	問題27	問題28	問題29	問題30
●	●	●							
問題31	問題32	問題33	問題34	問題35	問題36	問題37	問題38	問題39	問題40
		●							
問題41	問題42	問題43	問題44	問題45					
			●	●					

〈追手門学院小学校〉

※問題を始める前に、巻頭の「本書ご使用方法」「本書ご使用にあたっての注意点」をご覧ください。

※当校の考査は、鉛筆を使用します。間違えた場合は＝（２本線）で消し、正しい答えを書くよう指導してください。

保護者の方は、別紙の「家庭学習ガイド」「合格ためのアドバイス」を先にお読みください。
当校の対策および学習を進めていく上で、役立つ内容です。ぜひ、ご覧ください。

2021年度の最新問題

問題１　分野：見る記憶

〈準備〉　鉛筆

〈問題〉　（問題１－２の絵を裏返しにして渡す）
これから絵を見てもらいます。しっかりと見て何が描いてあるのか覚えておいてください。
（問題１－１の絵を30秒間見せた後、裏返しにして、問題１－２の絵を表にする）

今見た絵にも描かれていたものに○をつけてください。

〈時間〉　60秒

問題２　分野：数量（比較）

〈準備〉　鉛筆

〈問題〉　スイカの絵があります。それぞれの段で２番目に多い数を見つけて、○をつけてください。

〈時間〉　各15秒

問題３　分野：図形（重ね図形）

〈準備〉　鉛筆

〈問題〉　それぞれの段で透明な紙に描かれた左の２枚の紙を重ねると、右の絵のどれになりますか。○をつけてください。

〈時間〉　各15秒

問題4　分野：言語（言葉の音）

〈準備〉　鉛筆

〈問題〉　左側の絵の生き物の名前の最後の文字を合わせると、右側の絵のどの生き物の名前になりますか。○をつけてください。

〈時間〉　各15秒

問題5　分野：個別テスト・口頭試問（お話の記憶）

〈準備〉　なし

〈問題〉　これからするお話をよく聞いて、後の質問に答えてください。

学校から帰ってきた花ちゃんは、お母さんから「夕ご飯はカレーライスにするから、ニンジンとタマネギとジャガイモとお肉を買ってきてちょうだい。カレーのルーはお家にあるから、買わなくていいわ」と、おつかいを頼まれました。花ちゃんはバスに乗って、スーパーに行き、言われたものを買いました。スーパーを出たところで、おばあちゃんに会いました。「花ちゃん、1人でおつかいにきたの？　えらいわね、ご褒美に、お洋服を買ってあげましょう」と褒められたので、いっしょにに近くの洋服屋さんに行きました。「これがいい」と言って花ちゃんが選んだのは、長袖の袖が縞模様で、胴が横縞のTシャツでした。その帰り道、花ちゃんはおばあちゃんといっしょに公園に寄って、ブランコで遊びました。それから家に帰って、お母さんのお手伝いをしました。お手伝いをしてできた夕ご飯のカレーライスは、いつもよりおいしいな、と、花ちゃんは思いました。

①スーパーに行くために、花ちゃんが乗った乗り物は何ですか。指さしてください。
②スーパーで買わなかったものは何ですか。指さしてください。
③どの服を買いましたか。指さしてください。
④公園では何をして遊びましたか。指さしてください。

〈時間〉　各15秒

問題6　分野：個別テスト・口頭試問（複合）

〈準備〉　あらかじめ問題6の絵を指定の色で塗っておく。

〈問題〉　この絵を見てください。
①赤の○はいくつありますか。
②緑色の○と黄色の△を合わせるといくつになりますか。
③緑色の○と赤の□の数は、いくつ違いますか。
④□を10個にするには、あといくついりますか。

〈時間〉　各15秒

問題7　分野：個別テスト・口頭試問（図形）

〈準備〉　なし

〈問題〉　この絵を見て、正しいと思うものを指さして答えてください。
①左の見本を矢印の方向に１回まわすと、右の絵のどれになりますか。
②左の見本を矢印の方向に２回まわすと、右の絵のどれになりますか。

〈時間〉　各15秒

問題8　分野：個別テスト・口頭試問（常識）

〈準備〉　なし

〈問題〉　（問題８の絵を見せる）
この絵を見てください。
縦と横の約束を考えて、真ん中に当てはまるものは右側の絵のどれですか。正しいと思うものを指さして答えてください。

〈時間〉　各15秒

問題9　分野：運動

〈準備〉　ボール、傘、段ボール箱、コーン２個。コーンは10メートル程度離して置き、片方にスタートの線を引いておく。

〈問題〉　この問題の絵はありません。
①号令に合わせて、「気をつけ」と「休め」をしてください。
グループごとに行います。ほかのグループは後ろを向いて三角座り（体育座り）で待っていてください。
②先生の号令に合わせて、その場で行進してください。その場ですること。
③これから見せるものと動きを覚えてください。「ボール」を見せたら「ダッシュ」してください。「傘」を見せたら、「カニ歩き」で歩いてください。「段ボール箱」を見せたら、「両手を羽ばたかせながら速歩き」で歩いてください。「初め」の合図でスタートし、反対側のコーンについたらタッチして向きを変え、動きを続けてください。「やめ」の合図がかかったら、その場で立ち止まって動きをやめましょう。

〈時間〉　５分

問題10　分野：巧緻性

〈準備〉　お皿、小さめの積み木（ブロックなどでも可）、割り箸、大きめのコップ、画用紙（お箸を置く位置にお箸の絵を描いておく）、背付きの椅子、ひも

〈問題〉　**この問題の絵はありません。**

①お皿の上にある積み木を割り箸でコップの中に入れてください。コップや、お皿を手で持ってはいけません。「やめ」と言われたら、机の上のお箸の絵が描いてある場所に割り箸を置き、静かに待っていてください。

②椅子の上にひもが置いてあります。そのひもを使って、椅子の背もたれのところでちょうちょ結びをしてください。結び終わったら、椅子の横で休めの姿勢で待っていてください。

③床に足をつけ、手をひざの上に置き、目を閉じて椅子に座っていてください。「やめ」と言われるまで、その姿勢を保ってください。

〈時間〉　①３分　②２分　③１分

問題 1－1

☆追手門学院小学校

2022 年度版　追手門学院・関西大学　過去　無断複製／転載を禁ずる

日本学習図書株式会社

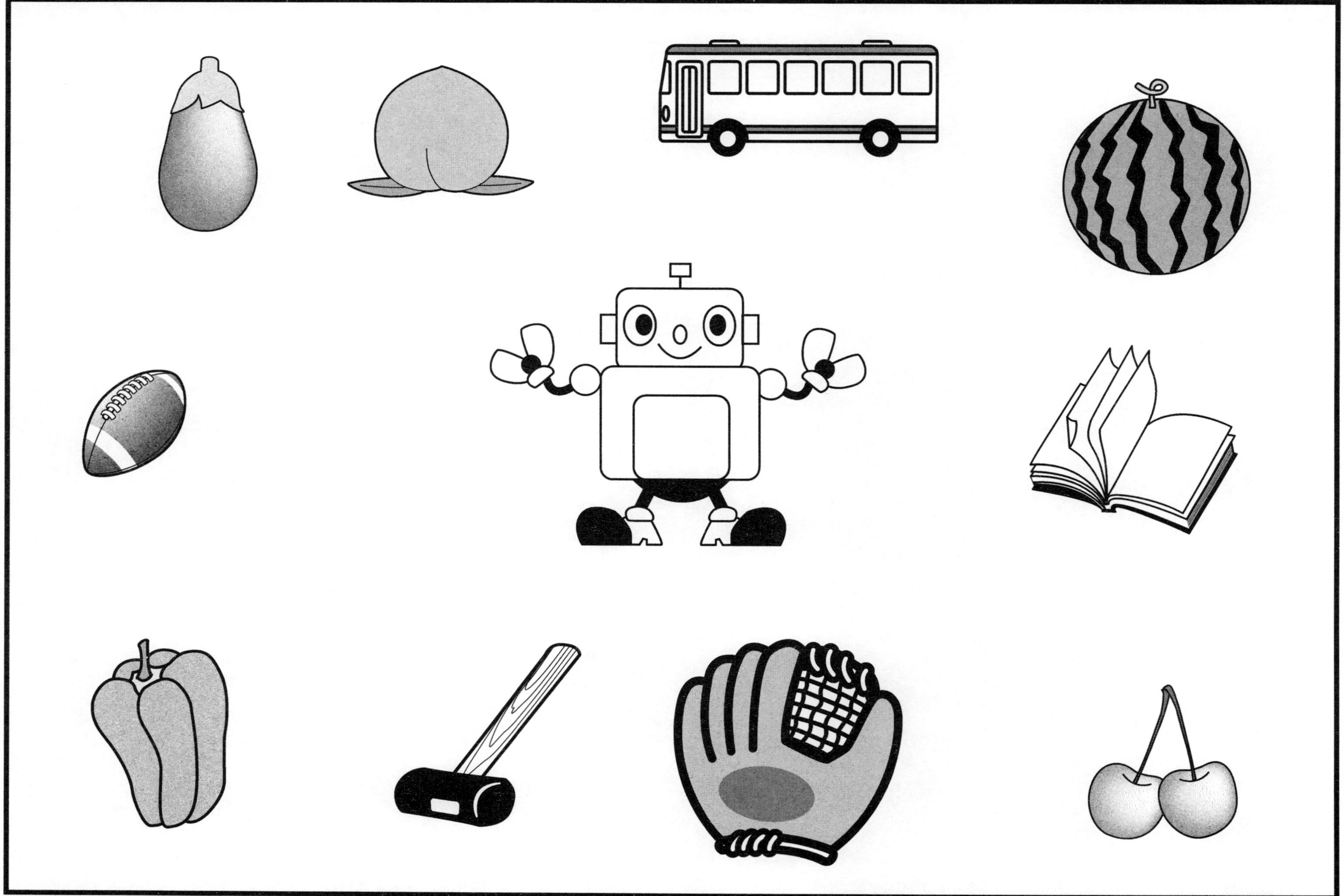

問題1－2

①

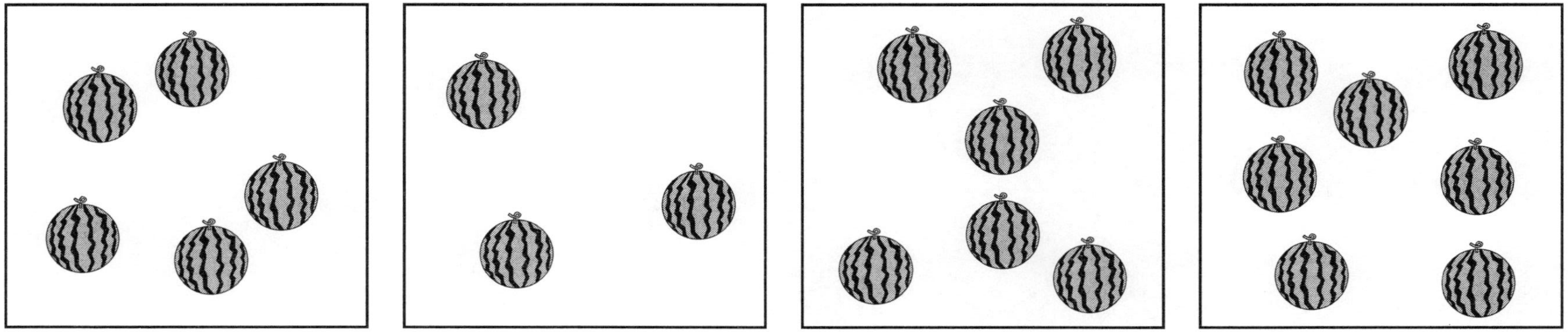

②

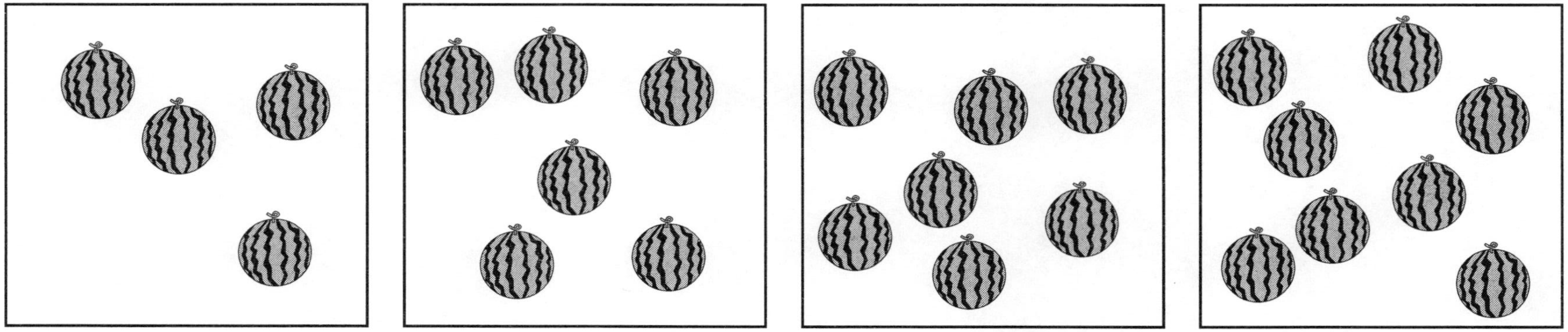

③

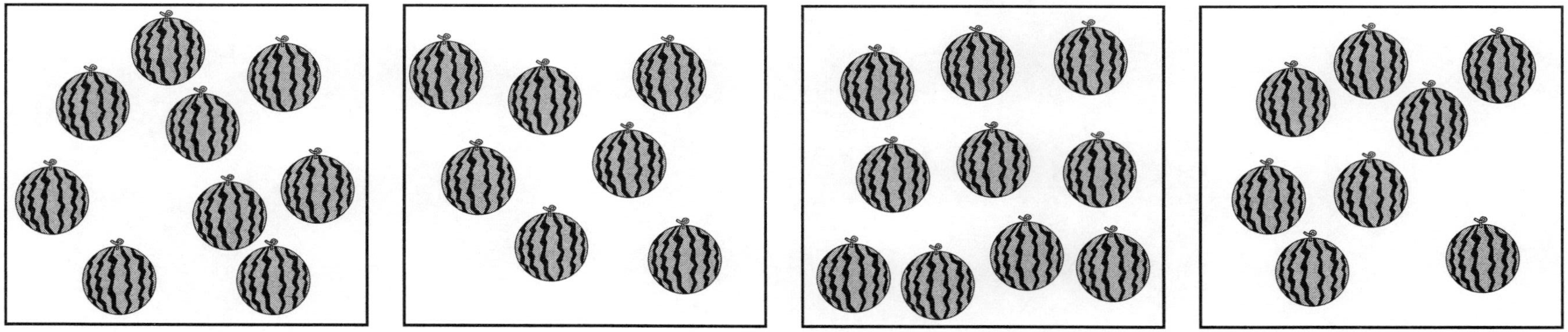

問題 3

①

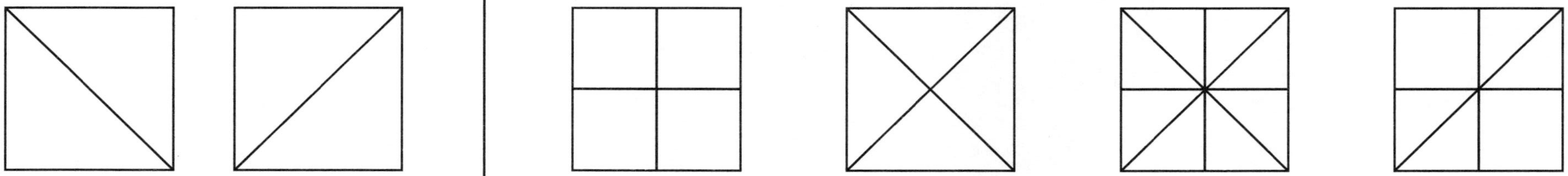

②

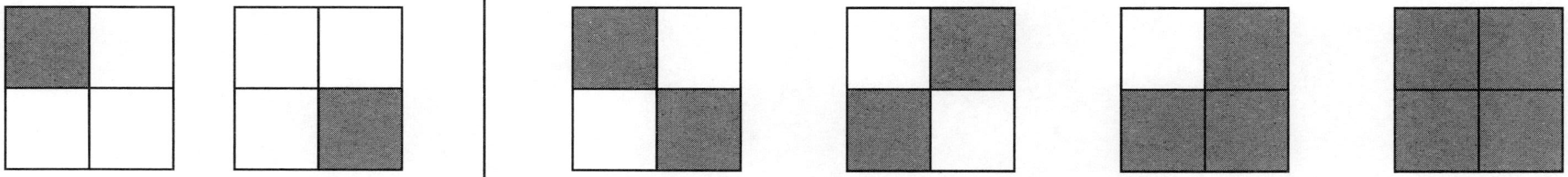

③

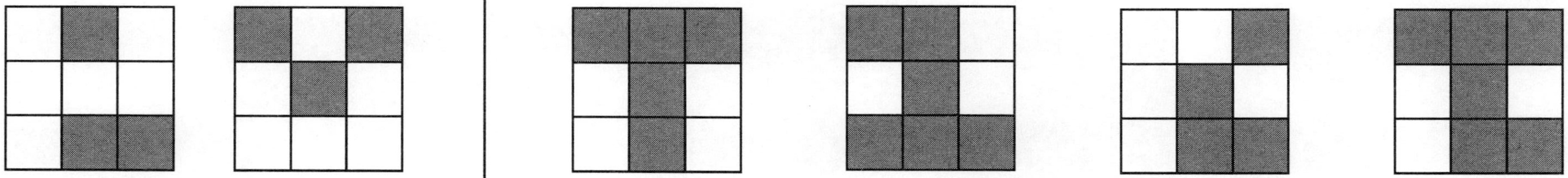

☆追手門学院小学校

問題 4

①

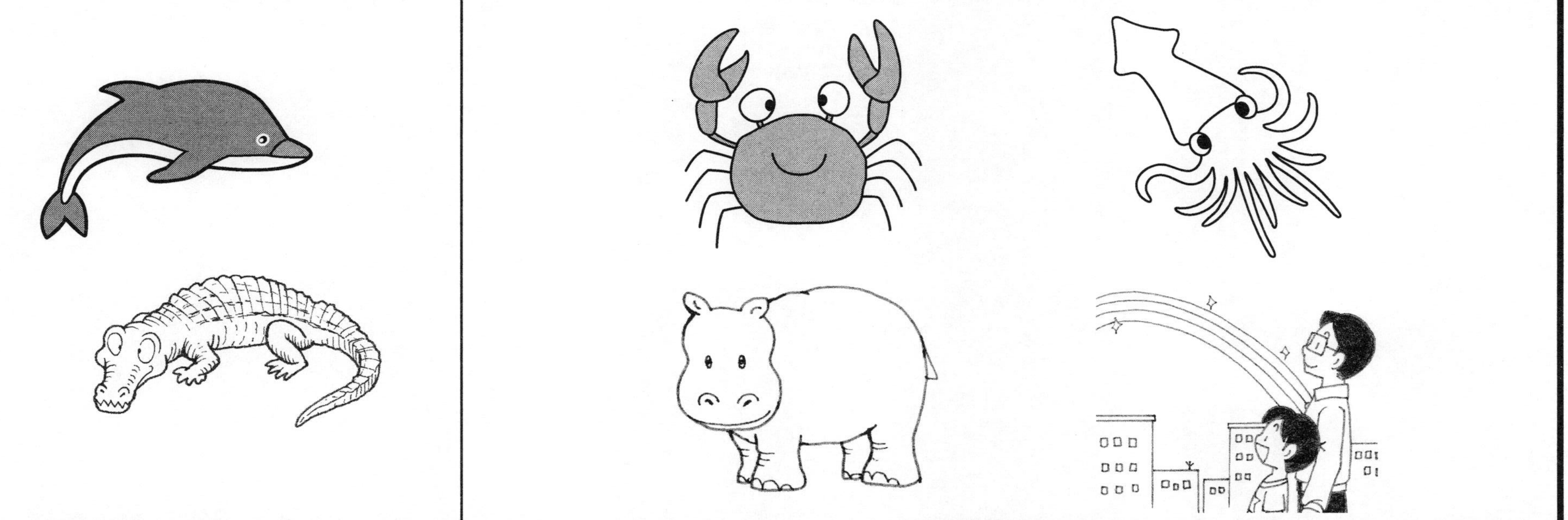

②

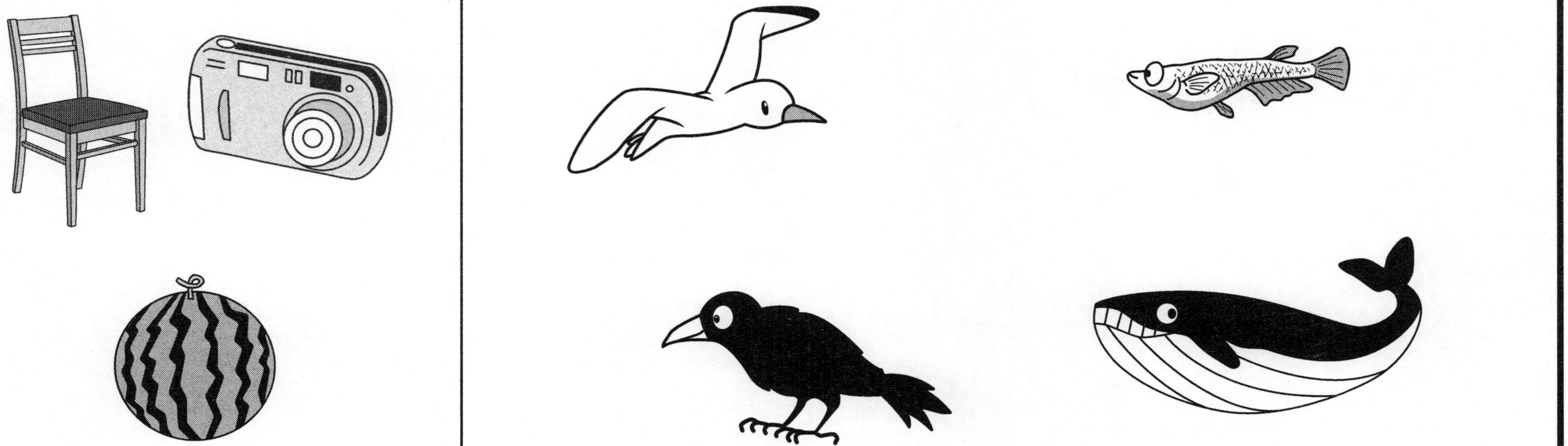

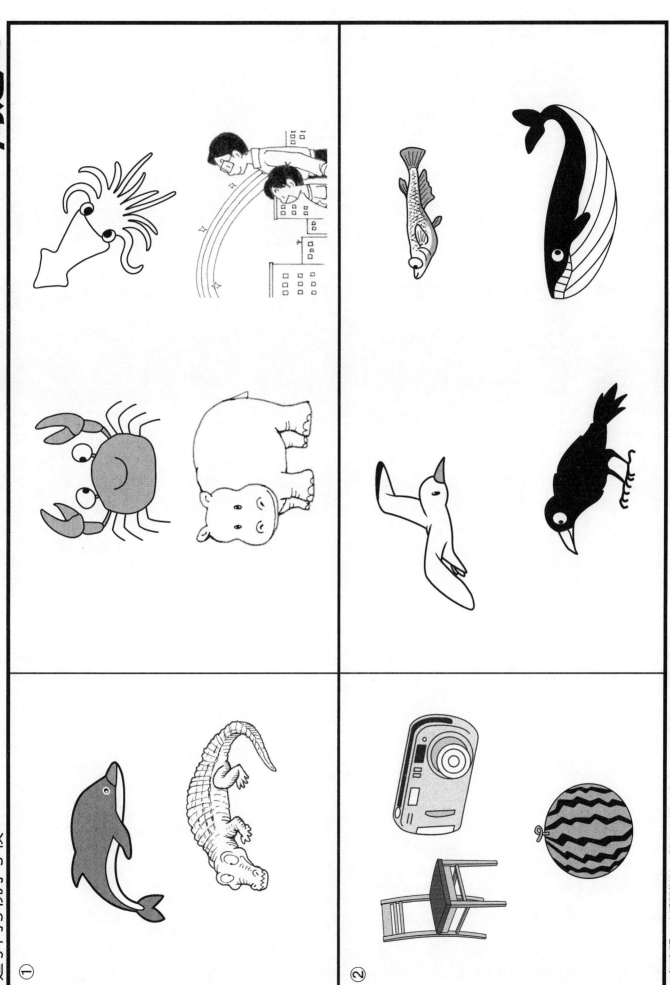

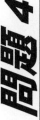

問題 5

①

②

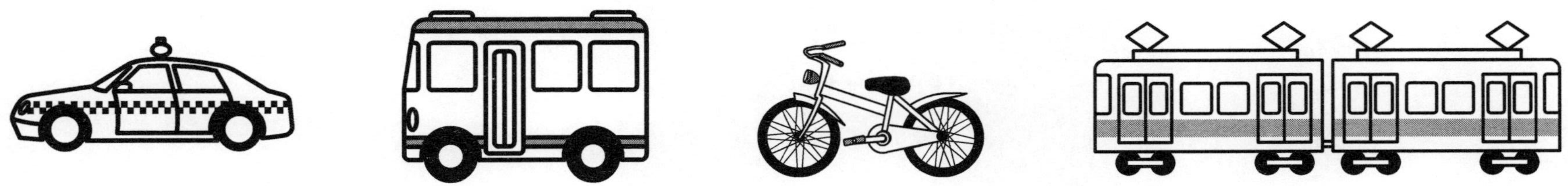

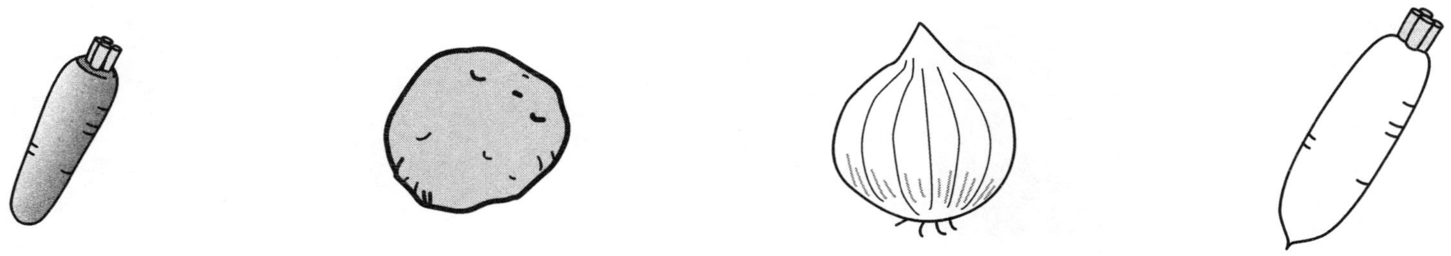

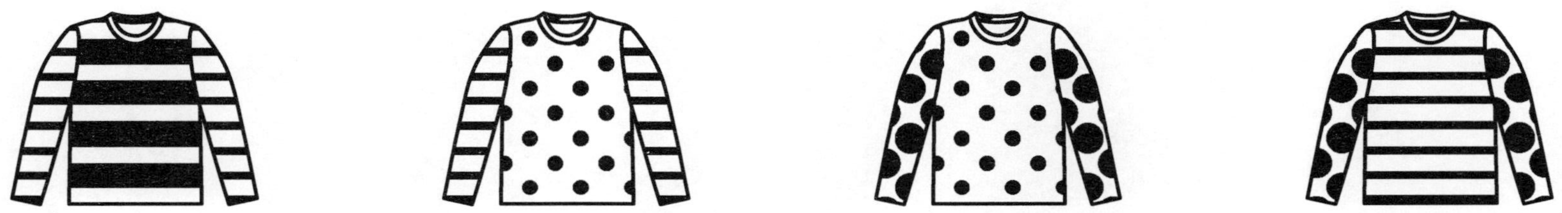

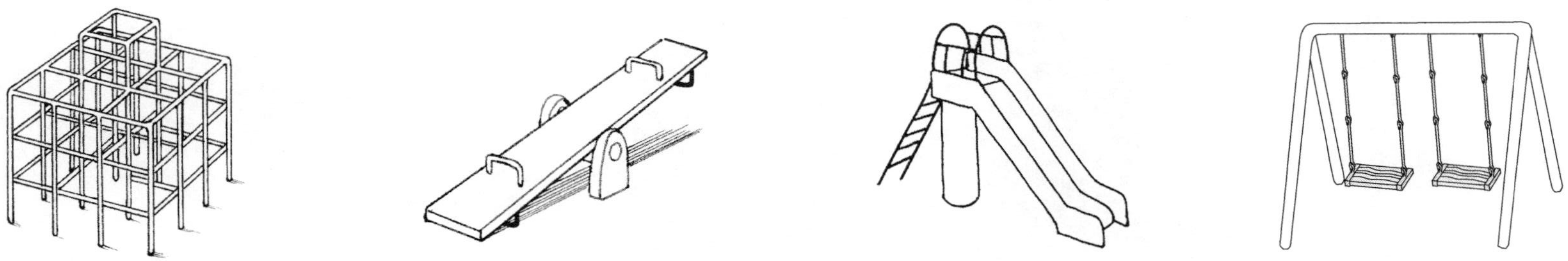

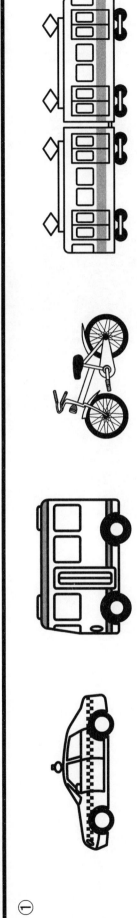

☆追手門学院小学校

問題6

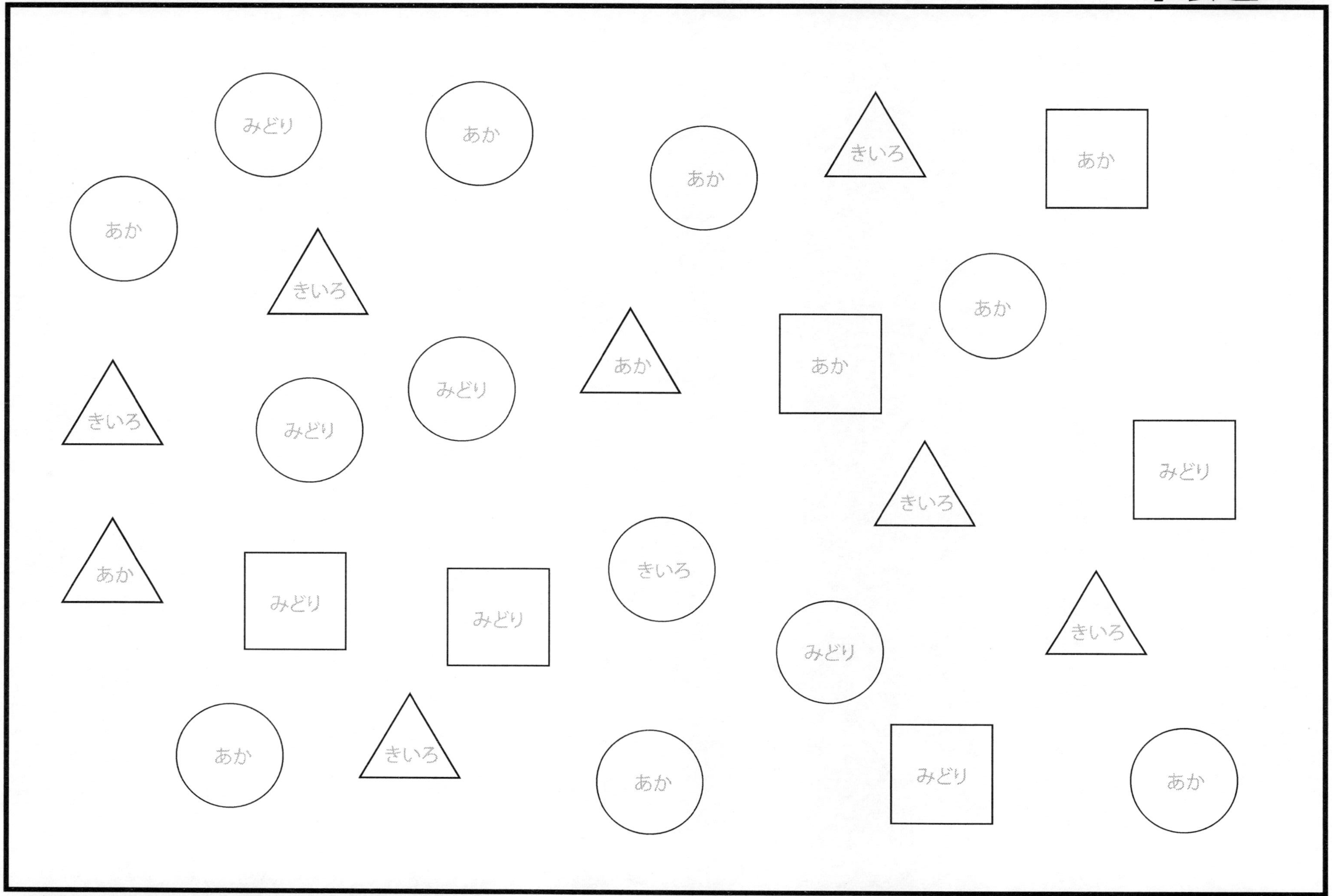

問題7

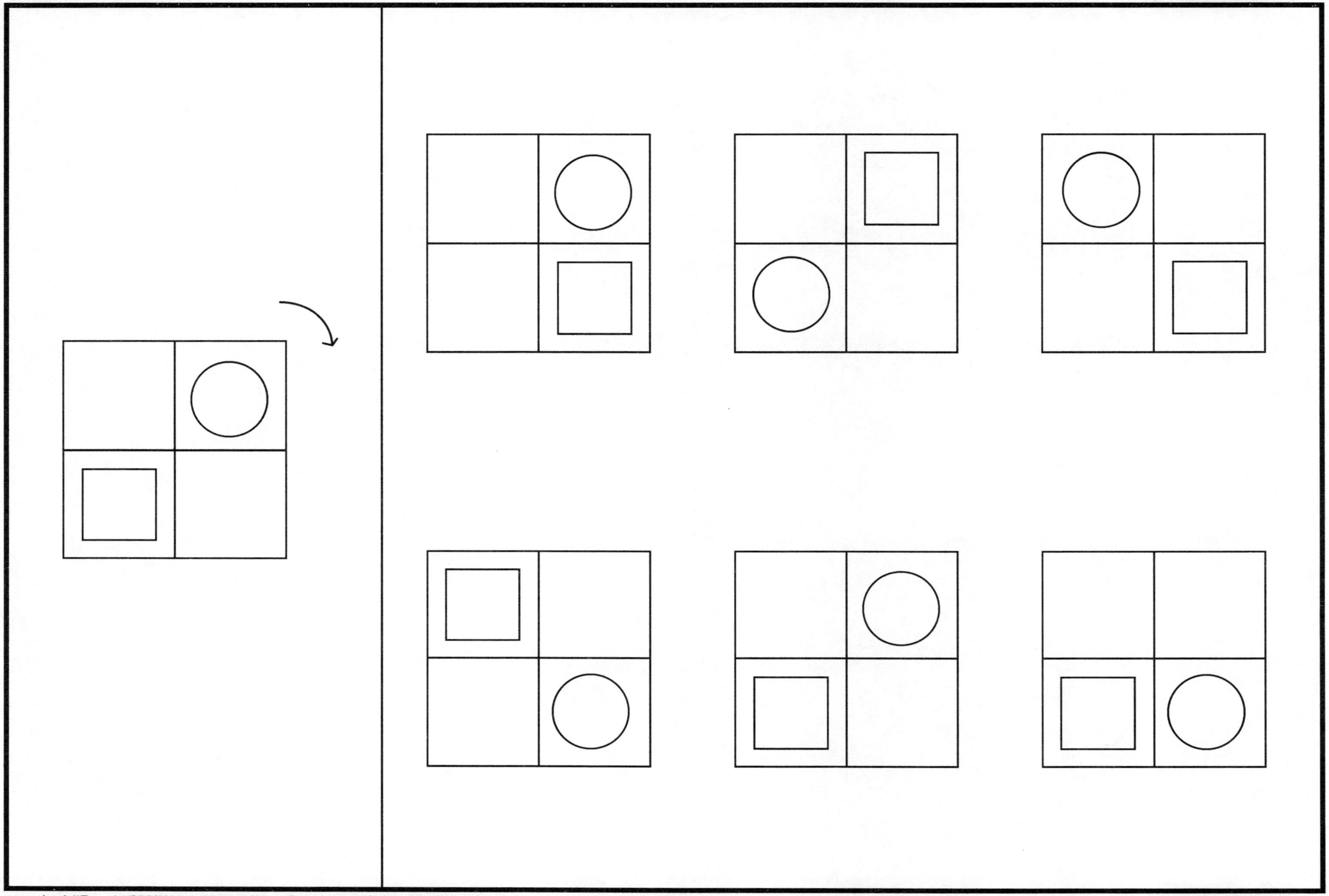

問題 8

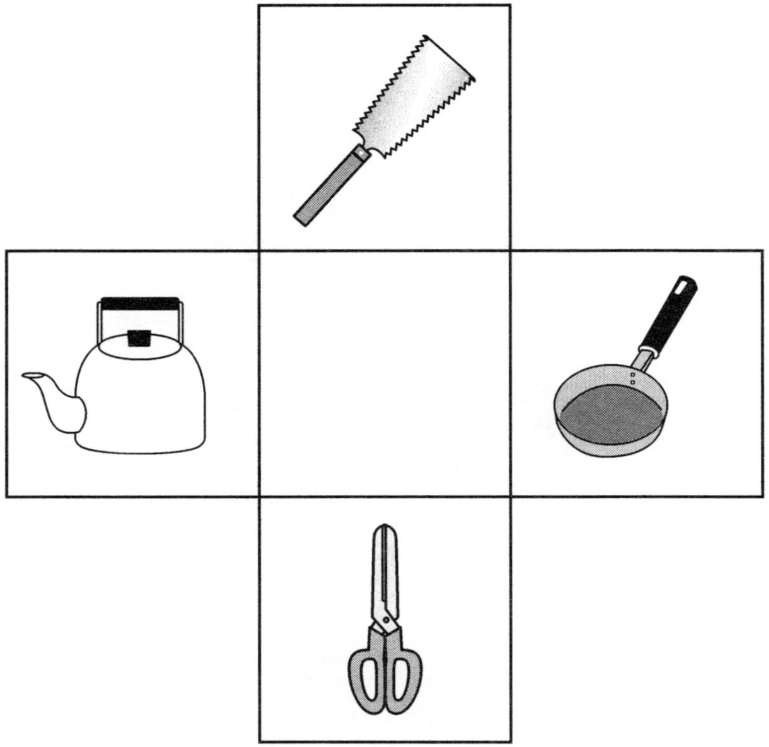

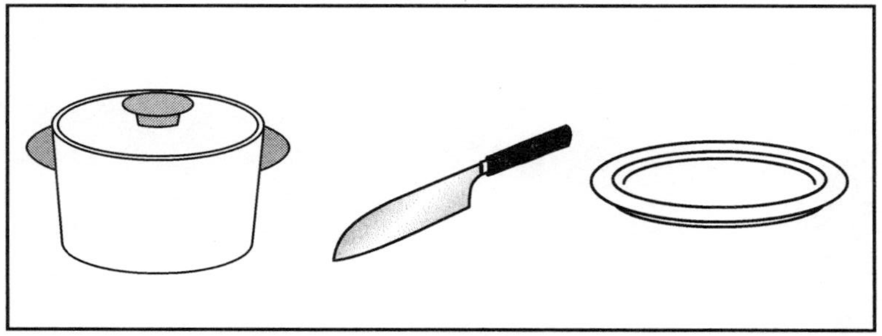

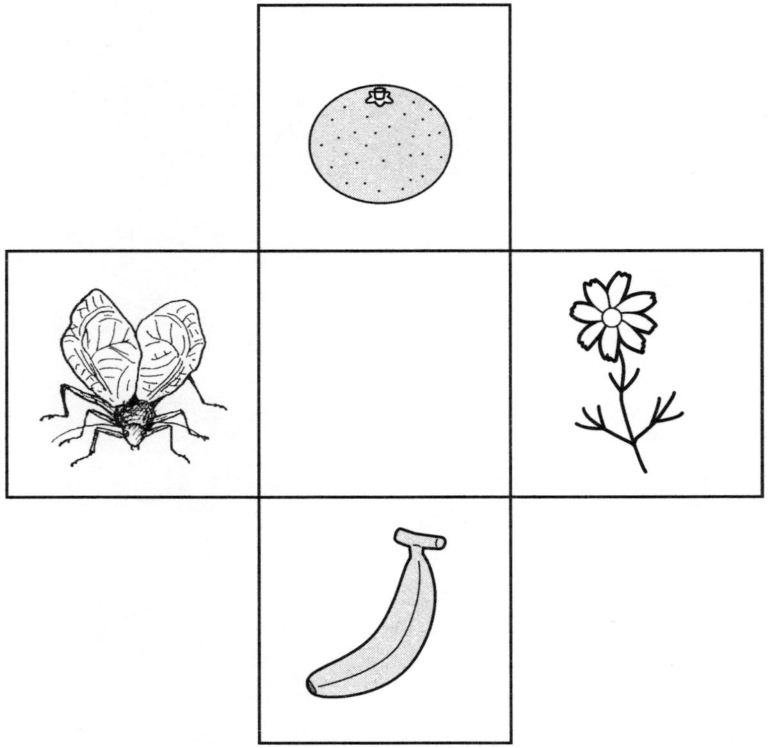

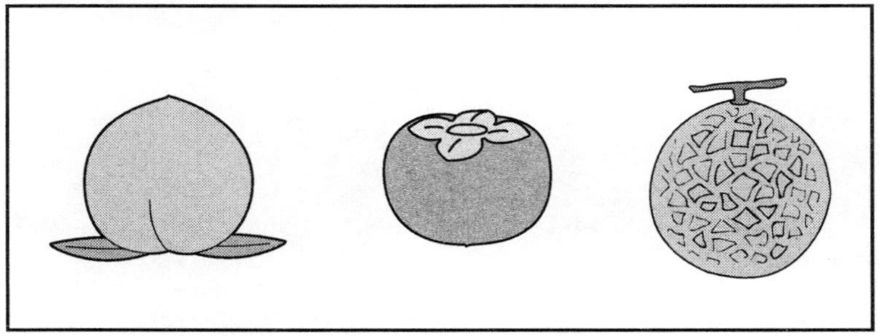

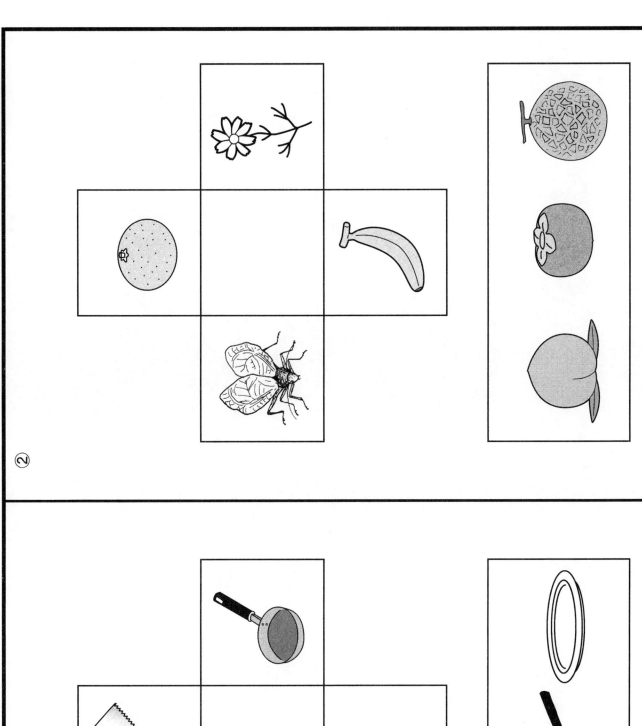

2021年度入試
解答例・学習アドバイス

解答例では、制作・巧緻性・行動観察・運動といった分野の問題の答えは省略されています。こうした問題では、各問のアドバイスを参照し、保護者の方がお子さまの答えを判断してください。

問題 1　分野：見る記憶

〈解 答〉 下図参照

「見る記憶」の問題です。最初に絵を見る時間は15秒と短いので、記憶しようとするのではなく、観察してください。それほど複雑な絵ではないので、内容は把握できるはずです。その時、「ロボット、ボール…」とバラバラに覚えるのではなく、「ロボットがボールと金づちを持って…」などと覚えるのです。「関連付け」と言いますが、何かを記憶するには有効な方法の１つです。また、試験の場ではできませんが、声に出すと記憶しやすくなります。声を出すと自然とイメージすることになるので、いつの間にか記憶できているでしょう。慣れるまでは練習としてやってみてください。

【おすすめ問題集】

Ｊｒ・ウォッチャー20「見る記憶・聴く記憶」

問題2　分野：数量（比較）

〈解 答〉　①右から２番目　②右から２番目　③左端

この問題は、お子さまが絵を見てスイカの数をパッとつかむことが大切です。同時に２番目に大きい数を見つけ出すには、数の感覚が物を言います。１つひとつ数え上げなくても見て数がわかること、数の大小を判断できることが大切です。この感覚をつかむためには、逆説的ですが数える作業と、「量」として目で測る作業を繰り返すことです。実際にさまざまな物の数をぱっと見ただけで当てたり、「これいくつ？」といった実物を使ったゲームをしたりするのもよいことです。また、「クッキーを４枚取って」「飴を７個袋に入れて」「キウイを３個ちょうだい」というように、おやつの時間やお手伝いの中で数を数える経験を積ませることも、勉強だと身構えることなく自然な数の感覚が身につくよい方法です。また、トランプを２組用意してカルタ取りのようにして遊ぶのも、数え上げずにぱっとみて数がわかる感覚を育てます。こういった遊びを通して自然に数量感覚を鍛えて行きましょう。

【おすすめ問題集】

Ｊｒ・ウォッチャー14「数える」、38「たし算・ひき算1」、
39「たし算・ひき算2」

問題3　分野：図形（重ね図形）

〈解 答〉　①左から２番目　②左端　③右端

図形の問題に共通して言えることですが、目で見た瞬間に全体を把握することが大切です。今回のように、２つの図形を重ねてできた図形を探す問題は、頭の中で２つの図形を重ねた時に、重なって１本になる線と、片方の図形の線がそのまま重なってできた図形の一部になった線を見分けてつかむことで答えが見つけられます。簡単な図形を重ねて新しい図形を作れることは、例えば三角形を２つ上下逆さまにして重ねると星型ができるなど、実際にイメージしやすいものを手で動かして作ってみるとよいでしょう。

【おすすめ問題集】

Ｊｒ・ウォッチャー35「重ね図形」

問題4　分野：言語（言葉の音）

〈解 答〉　①○：上段左（カニ）　②○：下段左（カラス）

複数の言葉の決まった位置の文字をつなげて、意味のあると言葉として読み取ることは、遊びとしても楽しいものです。単語を頭の中で操り、指示された位置の音だけを拾ってつなぎます。しりとり遊びの好きなお子さまなら、クイズ形式で出題しあっても楽しめることでしょう。「言葉の音」に関する問題のほとんどは実際に言葉を声に出すことで、答えがわかります。また、そうすることで言葉に関する知識も増えますから、億劫がらずに言葉を声に出しながら答え合わせをしてください。

【おすすめ問題集】

Ｊｒ・ウォッチャー60「言葉の音（おん）」

問題5　分野：個別テスト・口頭試問（お話の記憶）

〈解 答〉　①バス　②ダイコン　③左端　④ブランコ

お話の記憶は当校入試で毎年出題されるものです。口頭試問での出題ですが、短めのお話の中にたくさんのエピソードが盛り込まれています。誰がなにをどうしたか、出てきたものを覚えるのもさることながら、ストーリーを理解して覚えることが大切です。問われている内容を見ると、お話で起こったことを問う出題がほとんです。お話のポイントになる「誰が」「なにを」「どうやって」といったことを、場面を思い描きながらお話を聞き、問題に取り組むとよいでしょう。

【おすすめ問題集】

新口頭試問・個別テスト問題集、新ノンペーパーテスト問題集、
１話５分の読み聞かせお話集①・②、お話の記憶 初級編・中級編、
Ｊｒ・ウォッチャー19「お話の記憶」

問題6　分野：個別テスト・口頭試問（複合）

〈解 答〉 ①○：7　②10　③2　④4

数の抽出の問題です。ぱっとみて数がわかるかどうかだけでなく、図形の種類を選んで数える能力を見ています。判断しなければならない要素が、形・色・数の３つあるので、普通に数を数えるよりも慣れがものを言います。同じ形でも色が違うものは別々に数えることなど、質問から数えるルールを判断して理解することも必要です。最初は時間を図らずに、正確に数えられるように練習します。それができるようになったら、時間を計って、タイムを縮めていくとよいでしょう。ご家庭では、形の違うおはじきを何種類か用意して、つかみどりにしたおはじきを種類や色ごとに数えるゲームなどをしてみると、楽しく練習ができます。

【おすすめ問題集】
新口頭試問・個別テスト問題集、新ノンペーパーテスト問題集、
Ｊｒ・ウォッチャー４「同図形探し」、14「数える」

問題7　分野：個別テスト・口頭試問（図形）

〈解 答〉 ①下段左　②上段中

図形の回転の問題です。複数の図形が組み合わさっているので、単に三角形や四角形を回転させる時よりも複雑です。また、図形の中での位置関係にも注意しましょう。回転させる角度にも注意を払う必要があります。「１回」というのがどちらの方向に何度動かすことなのか、図を見比べてしっかりつかみましょう。こういったことをいきなり頭の中だけでできる必要はありません。図形が動いた形にはパターンがありますから、練習で身につけることができます。初めはうまく行かないかもしれませんが、その場合は問題の図形を切り取って実際に回転させて見ることです。繰り返していくうちに、頭の中だけで動かせるようになります。根気よく、あきさせないように練習させましょう。

【おすすめ問題集】
新口頭試問・個別テスト問題集、新ノンペーパーテスト問題集、
Ｊｒ・ウォッチャー46「回転図形」

問題8　分野：個別テスト・口頭試問（常識）

〈解答〉①包丁　②カキ

道具の使い方や目的の知識と、仲間分けの融合問題です。ものの名前がわかるだけでなく、どんな場所で、何をする時に、どういう作業のために使うのか、そこまで知っていることが必要です。キッチンでお料理をする時に使う、と言っても、包丁とヤカンではそれを使って行う作業が違います。包丁は切る作業、ヤカンはコンロにかけてお湯を沸かす作業、というように、どのように使うのか、実際の場面で知っているかどうか。そのうえで、さらにその作業で仲間わけができるかどうか、具体的な知識を抽象的な働きまで考えて理解している必要があります。一見難しそうですが、日常生活の中で、お手伝いをしたり、大人といっしょに何かに取り組んだりする場面の中で、自然に身につけることができる知識です。意識的に言葉で説明してあげるようにしてみてください。

【おすすめ問題集】

新口頭試問・個別テスト問題集、新ノンペーパーテスト問題集、
Ｊｒ・ウォッチャー11「いろいろな仲間」、12「日常生活」

問題9　分野：運動

決まった動作とシンボルを決めておき、示されたシンボルから動作をする、シグナルランという運動遊びです。楽しく体を動かしながら運動能力を見ることができる、テスト問題にもうってつけのものです。もともとが運動遊びとして考案されたものなので、おうちでもご家族で楽しく遊びながらトレーニングをすることができます。組み込む動きは過去問から取るなどすればいっそう効果があります。また、「スタートの姿勢」として、当校の「気をつけ」や「休め」の姿勢を約束しておけば、そちらの練習も楽しくすることができます。動作とシンボルの約束をしっかり覚えて、指示通りに動くことができる能力を見ていますから、頭と体を同時に使って、楽しく練習しましょう。

【おすすめ問題集】

新　運動テスト問題集、Ｊｒ・ウォッチャー28「運動」

問題10　分野：巧緻性

例年出題されている巧緻性の問題です。見た目はお箸を正しく持って正確に使えるかどうかといった簡単な巧緻性（器用さ）についての問題ですが、当校においては、あらかじめ示されている望ましい習慣を、きちんと身につけているかどうか、真剣に志望しているかどうかをチェックするという意味もあります。要項に示されている正しい箸の持ち方をよく見て練習しておきましょう。

【おすすめ問題集】

実践 ゆびさきトレーニング①・②・③、Ｊｒ・ウォッチャー12「日常生活」、25「生活巧緻性」

2020年度以前の問題

問題11　分野：見る記憶

〈準 備〉　鉛筆

〈問 題〉　（問題11－２の絵を裏返しにして渡す）
これから絵を見てもらいます。しっかりと見て何が描いてあるのか覚えておいてください。
（問題11－１の絵を30秒間見せた後、裏返しにして、問題11－２の絵を表にする）

今見た絵にも描かれていたものに○をつけてください。

〈時 間〉　60秒

〈解 答〉　下記参照

［2020年度出題］

学習のポイント

見る記憶の問題は当校で例年出題されている分野の１つです。記憶する時間は30秒と余裕があり、描かれている絵も日常で見たことのあるものが扱われているので、ていねいに１つひとつ記憶していけば難しい問題ではありません。ただ、試験会場は、ふだんとは違う雰囲気で行われるので、お子さまが緊張してしまうかもしれません。緊張の余り、30秒が短く感じられる可能性もあります。必要以上に固くならないためにも、類題を繰り返し学習して慣れておきましょう。経験したことのある問題を解くというだけでも、落ち着いて試験に臨めます。

【おすすめ問題集】
Ｊｒ・ウォッチャー20「見る記憶・聴く記憶」

問題12　分野：数量（数を比べる）

〈準 備〉　鉛筆

〈問 題〉　リンゴとバナナの絵があります。それぞれ個数が違いますが、いくつ違っていますか。右の四角に○をつけてください。

〈時 間〉　30秒

〈解 答〉　○：３個

［2020年度出題］

学習のポイント

解く前に、お子さまが、リンゴとバナナの数を一目で認識できるかがポイントです。小学校受験の場合、１～10までの数は一目見ただけでかぞえられることが望ましく、この問題もその前提になっています。小学校入学後に数字を使うたし算・ひき算は学習しますが、小学校受験では一般的に数字の代わりにイラストを使って出題されます。「数のセンス」と表現されますが、一目みただけで数がわかる感覚は必ず身に付けておくようにしましょう。この感覚をつかむためには、かぞえる作業と「量」として目で測る作業の繰り返しが重要です。実際にさまざまなものをかぞえたり、「今ここに○○がいくつある？」などクイズ形式の遊びもおすすめです。そういった感覚を身に付ける前のお子さまであれば、実物を使った学習を行うと、お子さまの理解が深まります。赤のおはじきをリンゴ、黄色のおはじきをバナナに見立てて、かぞえる時に赤と黄色のおはじきをいっしょに取っていくと最後に黄色のおはじきが３つ残る、などの学習方法があります。ひき算を気にするのではなく、こういった具体物を使った学習の繰り返しが、結果としてペーパーテストも答えやすくさせるということです。

【おすすめ問題集】

Ｊｒ・ウォッチャー14「数える」、38「たし算・ひき算1」、
39「たし算・ひき算2」

問題13　分野：推理（四方からの観察）

〈準 備〉　鉛筆

〈問 題〉　上の四角の絵を見てください。
この絵を今見ている後ろから見たものに○をつけてください。

〈時 間〉　15秒

〈解 答〉　右から２番目

［2020年度出題］

学習のポイント

四方からの観察の問題です。当校ではこういった推理分野の問題は幅広く出題されるので、どういった問題にでも対応できる柔軟な思考力が必要になってきます。この問題ではまず、旗揚げをしている少年を後ろから見ると、どうなっているかをイメージします。とは言ってもいきなりは無理でしょうから、保護者の方が問題と同じようなポーズをとって、お子さまに前後がどうなって見えるのかを確認させてください。１回経験するだけでも、お子さまはイメージしやすくなります。なお、こういった問題に慣れているお子さまにありがちなことですが、イラストを見て「鏡図形」と決めつけたりはしないようにしましょう。問われているのは後ろ姿です。

【おすすめ問題集】
Ｊｒ・ウォッチャー８「対称」、10「四方からの観察」、
53「四方からの観察　積み木編」

問題14　分野：言語（しりとり）

〈準備〉　鉛筆

〈問題〉　右から２番目の四角に入る絵を選んでください。

〈時間〉　各15秒

〈解答〉　左端（カバ）

［2020年度出題］

学習のポイント

この問題では、絵の順番が「しりとり」になっている、という説明がありませんでした。絵を見てすぐに「しりとり」になっていると気付けるかどうかが重要になってきます。ここでは、「しりとり」はお子さまにとって日頃から馴染みのあるものなので、気付いて当然ということなのでしょう。もしお子さまが間違えてしまうのであれば、問われている問題の意味がわからないのか、単純に語彙力がないかのどちらかということになります。選択肢のものを知らなかった場合は、さまざまなメディアを通して覚えてください。ただし、地域やご家庭独自の言葉で覚えてしまっていないかチェックしておいてください。学校側も多少の配慮はしますが、完全ではありません。無用なミスやトラブルを避けるという意味でも、言葉は一般的な呼称で覚えるようにしてください。

【おすすめ問題集】
Ｊｒ・ウォッチャー17「言葉の音遊び」、49「しりとり」、
60「言葉の音（おん）」

問題15　分野：個別テスト・口頭試問（お話の記憶）

〈準備〉　なし

〈問題〉　これからするお話をよく聞いて、後の質問に答えてください。

さくらちゃんがお友だちの花ちゃんとチューリップの歌の練習をしていると、さくらちゃんのお母さんに「お昼ごはんにサンドイッチを作ろうと思うんだけど手伝ってくれない？」と言われたので、２人はお母さんのお手伝いをすることにしました。冷蔵庫にはレタス、卵、牛乳、トマト、キュウリ、ハムが入っています。お母さんが「よく聞いてね、卵と牛乳でたまごサンドイッチ。レタス、トマト、ハム、キュウリで野菜サンドイッチを作るからね」と言いました。さあサンドイッチづくりのはじまりです。さくらちゃんが早速、野菜を手に取りちぎろうとすると、「まずは手を洗わないとだめだよ」と花ちゃんが言いました。「そうよ、せっけんで指と指の間をよくこすって洗いなさいね」とお母さんが言うので、２人はそうしました。さくらちゃんと花ちゃんのお手伝いのおかげでとてもおいしそうなサンドイッチができあがりました。

①野菜サンドイッチには何を入れましたか、絵の中から指して教えてください。
②手を洗わなかったのは誰ですか。答えてください。
③さくらちゃんのお母さんは手をどのように洗うように言いましたか。答えてください。

〈時間〉　各15秒

〈解答〉　①レタス、トマト、キュウリ　②さくらちゃん
③指と指の間をよくこすって洗う

［2020年度出題］

学習のポイント

口頭試問で行われたお話の記憶の問題です。お話は300字程度と短いものです。内容自体もお話で聞かれたことを答えるだけなので、難しくないでしょう。ただ、ペーパー形式で答えるものと違って、自分の言葉で相手に伝わるように答えなければいけません。この形式に慣れていないとお子さまにとっては少し難しく感じる問題かもしれません。口頭試問の場合、答えることはもちろん、その時の姿勢・態度も観られています。例えば、この問題の①ですが、指でさしてくださいという答え方ですが、ただ指して答えるのと、「はい」と返事をしてから答えるのでは、やはり後者の方がよい評価を得られます。

【おすすめ問題集】

新口頭試問・個別テスト問題集、新ノンペーパーテスト問題集、
１話５分の読み聞かせお話集①・②、お話の記憶 初級編・中級編、
Ｊｒ・ウォッチャー19「お話の記憶」

問題16　分野：個別テスト・口頭試問（常識）

〈準 備〉　なし

〈問 題〉　（問題16の絵を見せる）
この絵の中で、仲間はずれのものがあります。それはどれですか。
選んだ理由もいっしょに答えてください。

〈時 間〉　20秒

〈解 答〉　クリ：秋の季節だから

［2020年度出題］

学習のポイント

この問題も口頭試問で行われました。解答だけなく、その理由も聞かれています。考えてみれば「なぜ仲間はずれなのか」という問いはかなり難しいものです。それぞれのものの性質や特徴を知っていなければ答えられないですし、いくつもある性質や特徴の中から、それだけが違う性質を発見しなくてはならないからです。小学校受験ではそれほど難しい「仲間はずれ」、つまり分類が難しいようなものを並べた問題は出題されません。動植物に関する知識、季節に関する知識、生活の知識を押さえておけばほとんどの問題には答えられます。ここでは季節に関する知識を使って「クリ以外は夏のもの」という答えがスムーズに出てくればよいですし、あれこれ考えた後にそこでたどり着いてもかまいません。ここでは、「仲間はずれ」の問題は分類の理由が大切、そしてそれには年齢相応の常識が必要ということをまずは覚えてください。

【おすすめ問題集】

Ｊｒ・ウォッチャー34「季節」

問題17　分野：個別テスト・口頭試問（推理）

〈準 備〉　おはじき（10個程度）

〈問 題〉　左の四角のシーソーを見ると、このように釣り合っていることがわかります。
右のシーソーを釣り合わすためには、シーソーの空いているところにネズミが何匹いればいいでしょうか。その数だけおはじきを置いてください。

〈時 間〉　30秒

〈解 答〉　①おはじき：３個　②おはじき：５個　③おはじき：10個

［2020年度出題］

学習のポイント

シーソーの問題は、傾きで重さを比べる問題と、釣り合うための置き換えを考える問題の２種類があります。この問題は後者です。まずはしっかりと約束を理解しましょう。左の四角を見ると、ネコはネズミの２個分、キツネは３個分だとわかります。①については例と同じなのでそのままですが、②はネコとキツネが１匹ずつなので、ネズミが５匹分、おはじき５個が正解となります。③はその倍ですから、「５」が２つ分で「10」が正解です。もちろん「２」＋「２」＋「３」＋「３」の考え方も間違ってはいませんが、ここではスピード感を持って解いていきたいです。というのも、この問題は解答時間が30秒と短いので、感覚的に解くことが必要だからです。

【おすすめ問題集】

新口頭試問・個別テスト問題集、新ノンペーパーテスト問題集、
Ｊｒ・ウォッチャー33「シーソー」、38「たし算・ひき算1」、
39「たし算・ひき算2」、42「一対多の対応」、57「置き換え」

問題18　分野：個別テスト・口頭試問（数量）

〈準　備〉　問題18の絵をあらかじめ指定の色に塗っておく。

〈問　題〉　（問題18の絵を見せる）
①赤と青の四角はいくつありますか。それぞれの個数を答えてください。
②青の四角と黄色の四角のどちらが何個多いですか。答えてください。

〈時　間〉　各20秒

〈解　答〉　①赤：８　青：６　②青が１個

［2020年度出題］

学習のポイント

数量の問題は当校では頻出分野なのでしっかりと対策を取っておきましょう。問題内容も小学校受験では基礎的なものです。この問題はただ数える問題、違う色の図形のそれぞれの数の差を考えるというもので難しくはありませんが、解答時間は短く、じっくり考えることはできません。数をかぞえる問題は焦れば焦るほどケアレスミスが起こるものですが、それを防ぐためには、「数に対する感覚」が必要となってきます。しかし、そのセンスがお子さまにないからといって、まったく歯が立たないということではありません。例えば、かぞえ方のルールを決めてみましょう。左から右へ、上から下へかぞえていくとします。一目で「～個」とわからなくても、確実に答えていけばわかるものですから、落ち着いてかぞえればよいということです。「数に対する感覚」はその作業を繰り返して行うことで身に付くものであります。

【おすすめ問題集】

Ｊｒ・ウォッチャー４「同図形探し」、14「数える」

問題19　分野：個別テスト・口頭試問（欠所補完）

〈準備〉　なし

〈問題〉　左の四角の絵を見てください。ボールの絵ですが、空いている箇所があります。右の四角から当てはまる絵だと思うものを指してください。

〈時間〉　20秒

〈解答〉　左上

［2020年度出題］

学習のポイント

当校では、口頭試問の問題が多く出題されているので、指示を理解して質問に答える集中力が必要となってきます。この欠所補完の問題は、とくに集中力が大切になってくる問題の１つです。なぜなら違いがわかりにくい選択肢があるため、口頭試問終盤になると集中できなくなり、当てずっぽうに解答してしまうお子さまが多いからです。最後まで気を緩めずに問題に取り掛かるようにしましょう。選択肢を見本と見比べると左下と右上は色とサイズが違うので、すぐに間違いとわかりますが、左上と右下はかなり類似しているので一見しただけではわかりません。違いを発見するために見るべきポイントは左隅の灰色の部分の大きさです。右下の選択肢は灰色の部分を見比べると、見本より大きいことがわかります。では、左上の同じ部分を見た時にはどうでしょうか。黒で塗りつぶされているところと見比べてみると、ピタリと当てはまり、左上の選択肢が正解ということがわかります。

【おすすめ問題集】

Ｊｒ・ウォッチャー59「欠所補完」

問題20　分野：巧緻性

〈準備〉　お皿、小さめの積み木（ブロックなどでも可）、割り箸、大きめのコップ、画用紙（お箸を置く位置にお箸の絵を描いておく）、背付きの椅子、ひも

〈問題〉　この問題は絵を参考にしてください。

①お皿の上にある積み木を割り箸でコップの中に入れてください。コップや、お皿を手で持ってはいけません。「やめ」と言われたら、机の上のお箸の絵が描いてある場所に割り箸を置き、静かに待っていてください。
②椅子の上にひもが置いてあります。そのひもを使って、椅子の背もたれのところでちょうちょ結びをしてください（問題20の絵を参考に、ちょうちょ結びをする箇所を指でさす）。結び終わったら、椅子の横で休めの姿勢で待っていてください。
③床に足をつけ、手をひざの上に置き、目を閉じて椅子に座っていてください。「やめ」と言われるまで、その姿勢を保ってください。

〈時間〉　適宜

〈解答〉　省略

［2020年度出題］

学習のポイント

当校は「躾」に関する課題が例年出題されています。ここで出題される「休め」などを含めた姿勢や、筆記用具の持ち方、箸の持ち方などは説明会で実演されます。あらかじめ説明されるということは、「自然にできる」ことを求められているので、保護者の方はお子さまに必ず指導しておきましょう。当校の巧緻性の課題で最も注意すべきものは、ちょうちょ結びです。正しいちょうちょ結びをすれば結び目は横向きになりますが、結び方を間違えると縦向きになってしまいます。保護者の方がまず、どのように結ぶかを実践してあげましょう。その際、お子さまの正面に座ってお手本を示すのではなく、お子さまの後ろ側に回ってお子さまと同じ視点でお手本を示すようにしましょう。そうすることで左右が反転しなくなるので、理解しやすくなります。

【おすすめ問題集】
　実践 ゆびさきトレーニング①・②・③、Ｊｒ・ウォッチャー12「日常生活」、
　25「生活巧緻性」

問題21　分野：運動

聞く　集中

〈準備〉　なし

〈問題〉　この問題の絵はありません。
①号令に合わせて、「気をつけ」と「休め」をしてください。
グループごとに行います。ほかのグループは後ろを向いて三角座り（体育座り）で待っていてください。
②先生の号令に合わせ、その場で行進してください。
③今からボールをその場でドリブルしてもらいます。「やめ」の合図まで続けます。それではじめてください。
④ボールを自分の頭上に向かって投げてください。ボールを投げた間、手を1回叩いてください。それではじめてください。

〈時間〉　５分

〈解答〉　省略

［2020年度出題］

学習のポイント

1つひとつの動作は難しいものではありません。しかし、「気をつけ」「休め」などは、説明会でお手本を紹介されるほど、当校が重視しているものです。お手本に近いものを守れるようにしておきましょう。行進はしっかり背筋を伸ばし、きびきびと動き、リズムに合わせるまでしっかりと練習しておきましょう。自分の姿勢や動きは、誰かに言われてもなかなか直しにくいものです。今時の方法ですが、保護者の方がスマートフォンなどで撮ってあげて、お子さま自身の目で確認できる工夫なども面白いかもしれません。そのほかには、技術、約束・指示が守れるか、意欲、態度などが観点です。これらは付け焼き刃で身に付くものではありません。お子さま自身が繰り返し行うことで少しずつ身に付いてくるものです。指示されたからではなく、ふだんの生活の中で自然と行えることを目指しましょう。

【おすすめ問題集】

新運動テスト問題集、Ｊｒ・ウォッチャー28「運動」

問題22　分野：行動観察

〈準備〉　絵本、ＤＶＤ

〈問題〉　この問題の絵はありません。
①絵本を読みながら、順番（個別テスト・口頭試問）を待っていてください。
②みんなでＤＶＤを観ましょう。

〈時間〉　適宜

〈解答〉　省略

［2020年度出題］

学習のポイント

ほかの志願者の個別テスト・口頭試問が行われている間に行われる行動観察です。行動観察の課題とは言え、待っている間ということなので、気が緩みがちになってしまいます。しかし、「いつ」、「どこで」評価されるかがわからないという意識は持っておきましょう。待っている間という前提なので、課題として評価されることはほぼないと思っても問題はありませんが、悪く目立つことだけはしないようにしましょう。お子さまがここで待っていてくださいと言われたので、試験ではないと思い、ふざけてしまったり、ほかのお友だちの邪魔をしてしまうとさすがに悪い印象を学校側に与えてしまいます。

【おすすめ問題集】

新口頭試問・個別テスト問題集、新ノンペーパーテスト問題集、
Ｊｒ・ウォッチャー29「行動観察」

問題23　分野：保護者面接

〈準 備〉　なし

〈問 題〉　この問題の絵はありません。

（質問例）

【父親への質問】

・自己紹介をお願いします。また、志望動機も続けて教えてください。
・家庭学習における躾について教えてください。
・仕事におけるモットーを教えてください。
・お父さまは小学校時代、どのようなお子さまでしたか。
・本校の教育プログラムについてどのように思われますか。
・説明会や公開授業で、印象に残っている場面などありましたか。
・（卒業生の方へ）在学中の担任の先生は誰でしたか。
・（兄姉が違う学校に通っている方へ）どちらの学校に通っていますか。
　また、当校を志望しましたか。

【母親への質問】

・志願理由についてお父様の補足はありますか。
・家庭でどのようなお手伝いをさせていますか。
・説明会や公開授業で、印象に残っている場面などありましたか。
・何かお仕事をされていますか、その時お子さまはどうされていますか、
　日中何かあれば連絡がつきますか。
・年長になって１番成長したなと感じるところを教えてください。
・いつ頃から私学受験を考えられましたか。
・家庭での記念日はありますか、またその日はどのようにお過ごしですか。

〈時 間〉　適宜

〈解 答〉　省略

［2020年度出題］

学習のポイント

当校面接は保護者のみで行われます。面接官は２名で、そのうちの１人は書記官なので、１人の先生に質問を受けるという形になります。日時は試験１週間～３週間前に行われます。両親のどちらかが答えるのではなく、父親・母親、それぞれに質問はあります。ご家庭での教育観・躾などはある程度共有しておく必要があるでしょう。面接自体は終始和やかな雰囲気のもとで行われるので、緊張する必要はありません。身の丈に合わない、難しい言葉や教育論を並べて語るのではなく、ふだんから使っている言葉できちんと質問に答えられれば問題はありません。

【おすすめ問題集】

新 小学校受験の入試面接Ｑ＆Ａ、面接最強マニュアル

問題１１－１

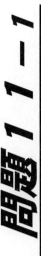

☆追手門学院小学校

2022年度版　追手門学院・関西大学　過去　無断複製／転載を禁ずる　　　　日本学習図書株式会社

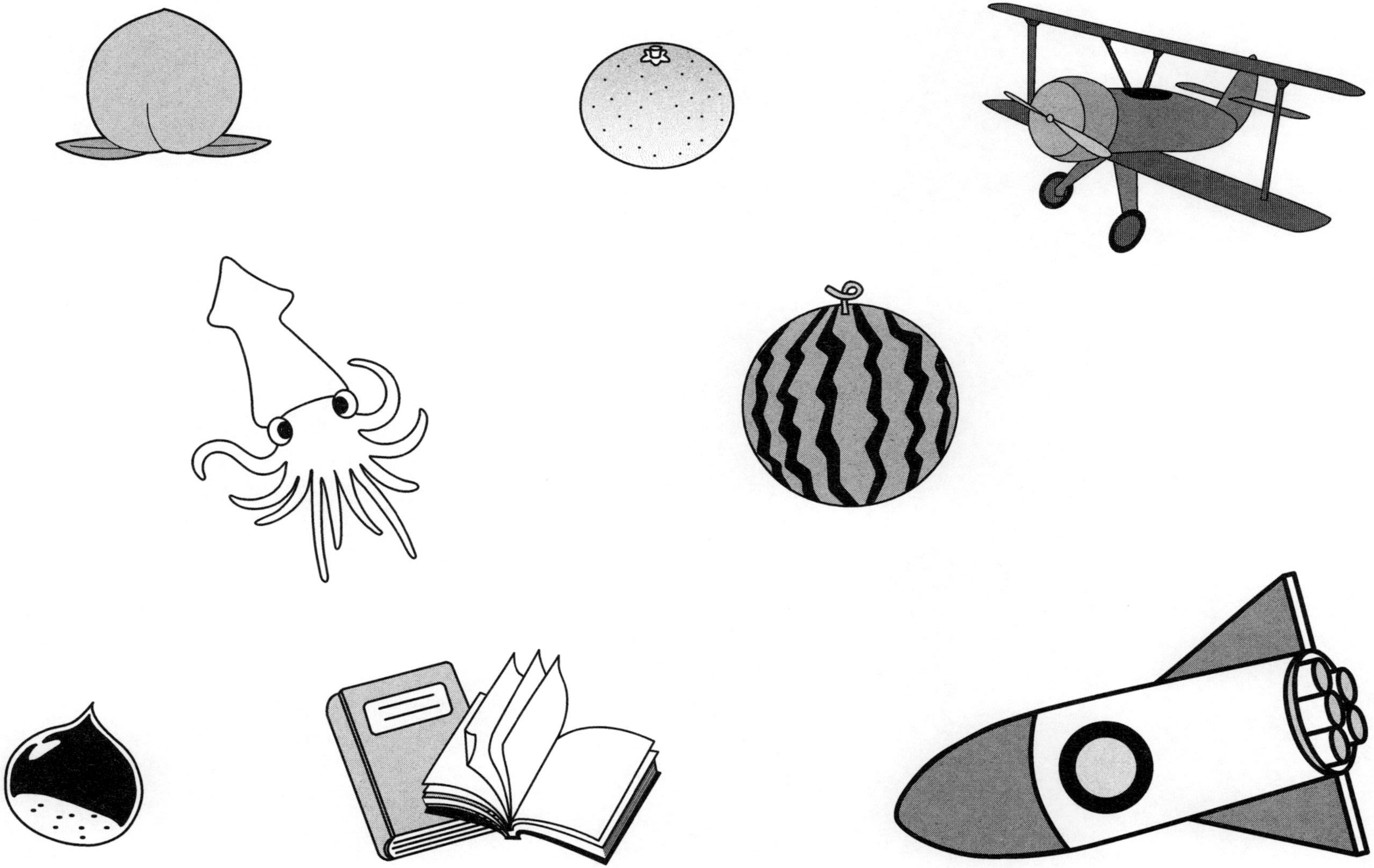

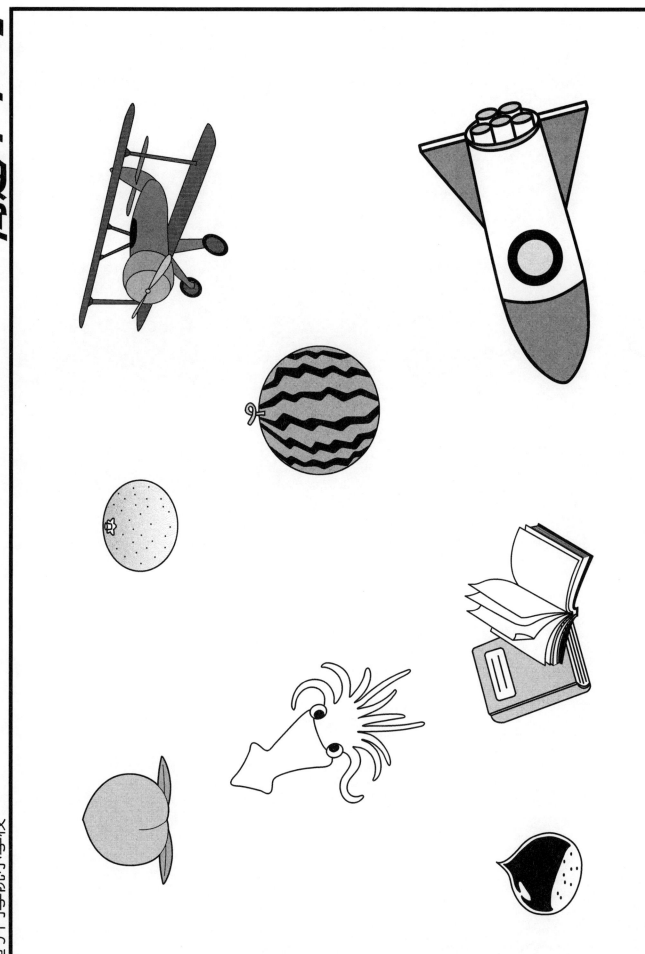

問題12

日本学習図書株式会社

☆追手門学院小学校

2022 年度版　追手門学院・関西大学　過去　無断複製／転載を禁ずる　日本学習図書株式会社

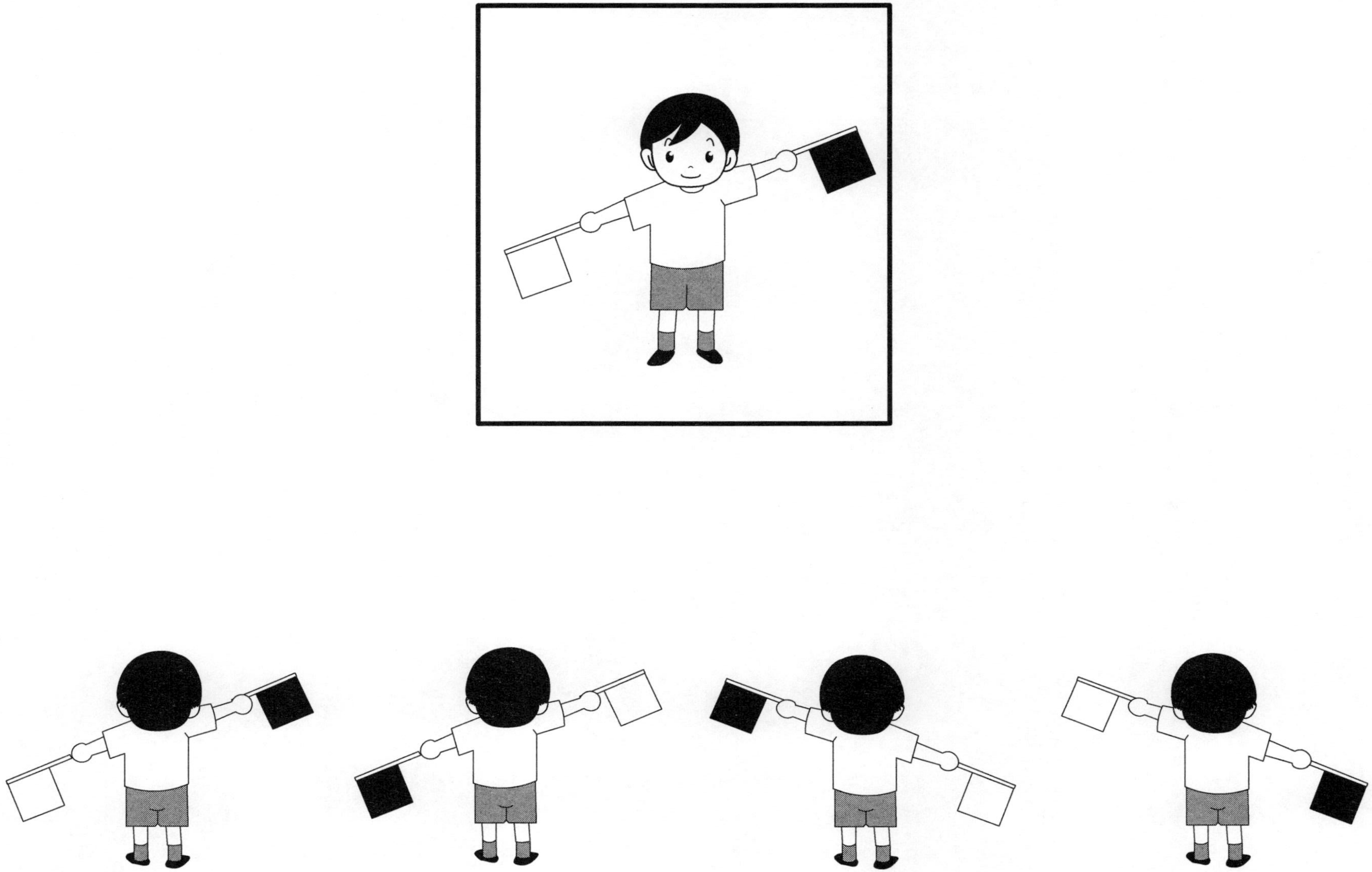

2022年度版　追手門学院・関西大学　過去　無断複製／転載を禁ずる　日本学習図書株式会社

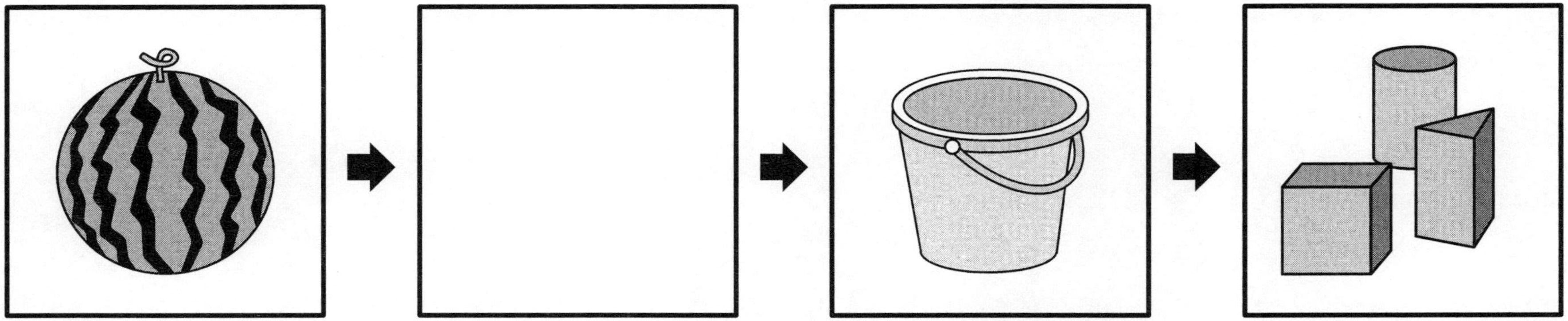

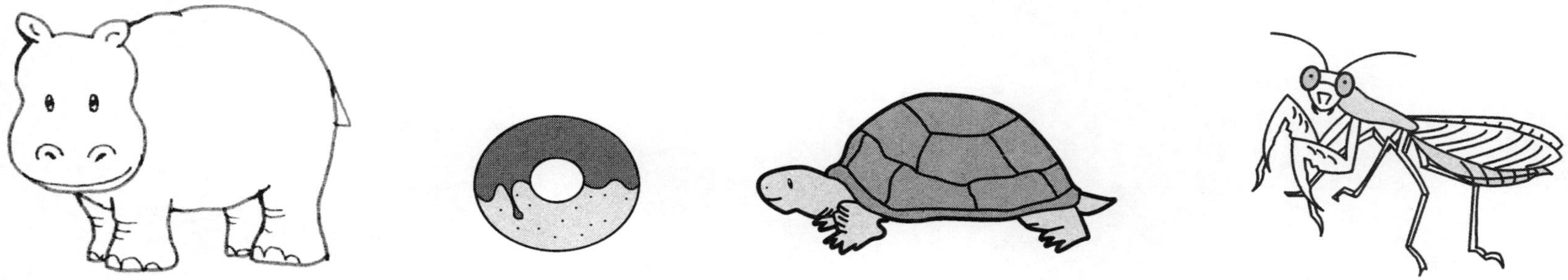

☆追手門学院小学校

2022年度版　追手門学院・関西大学　過去　無断複製／転載を禁ずる　　日本学習図書株式会社

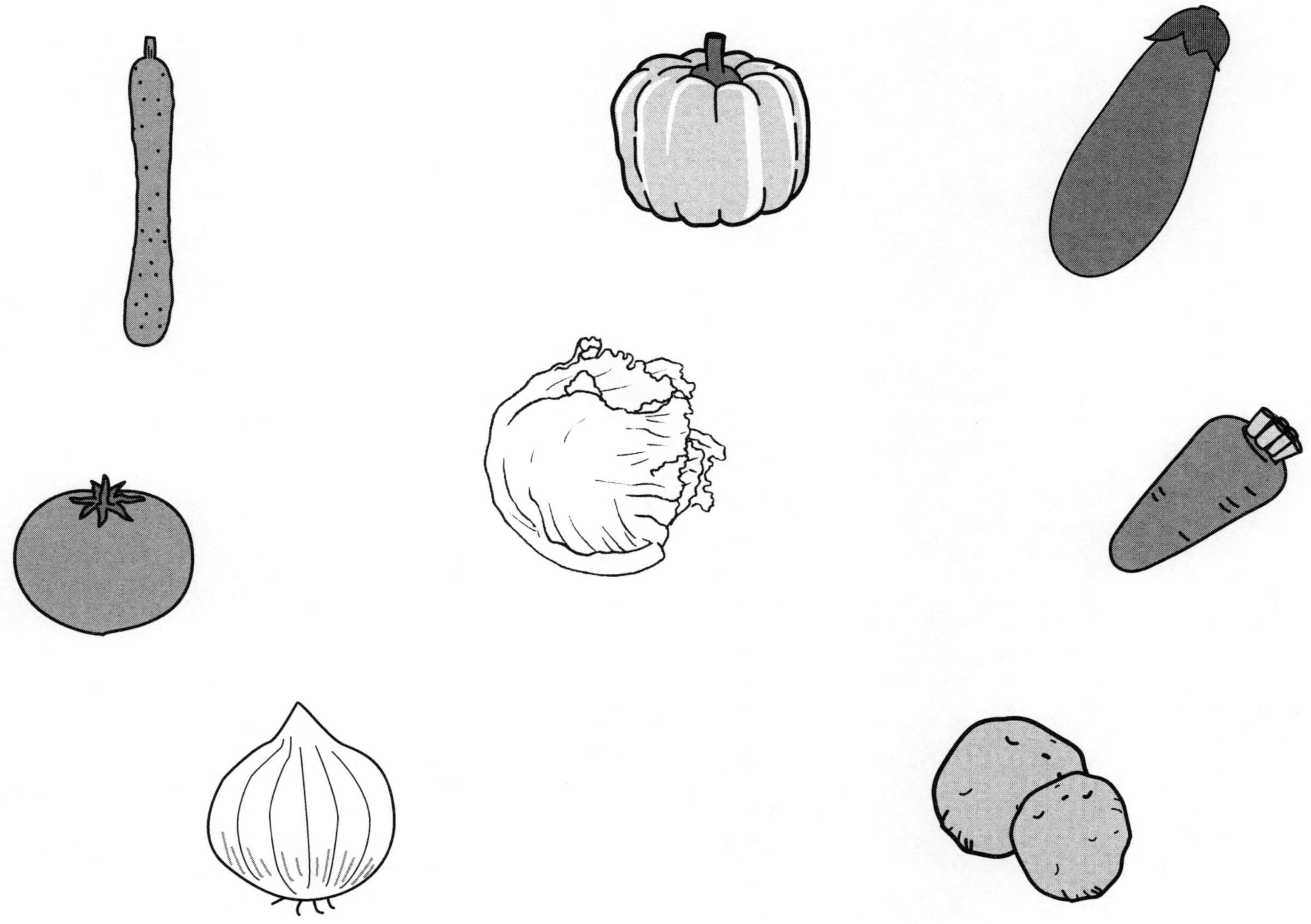

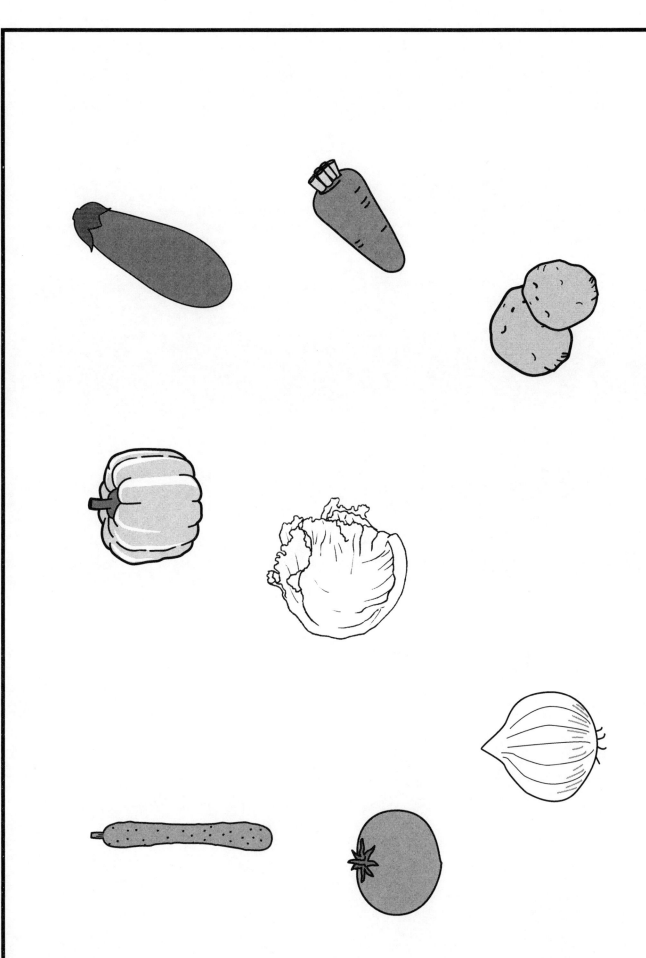

日本学習図書株式会社

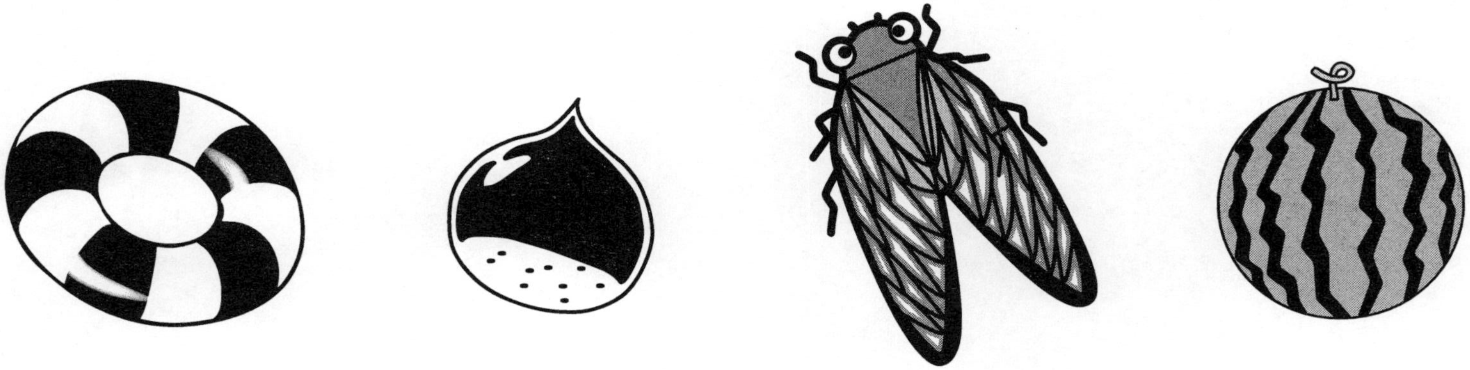

問題17

☆追手門学院小学校

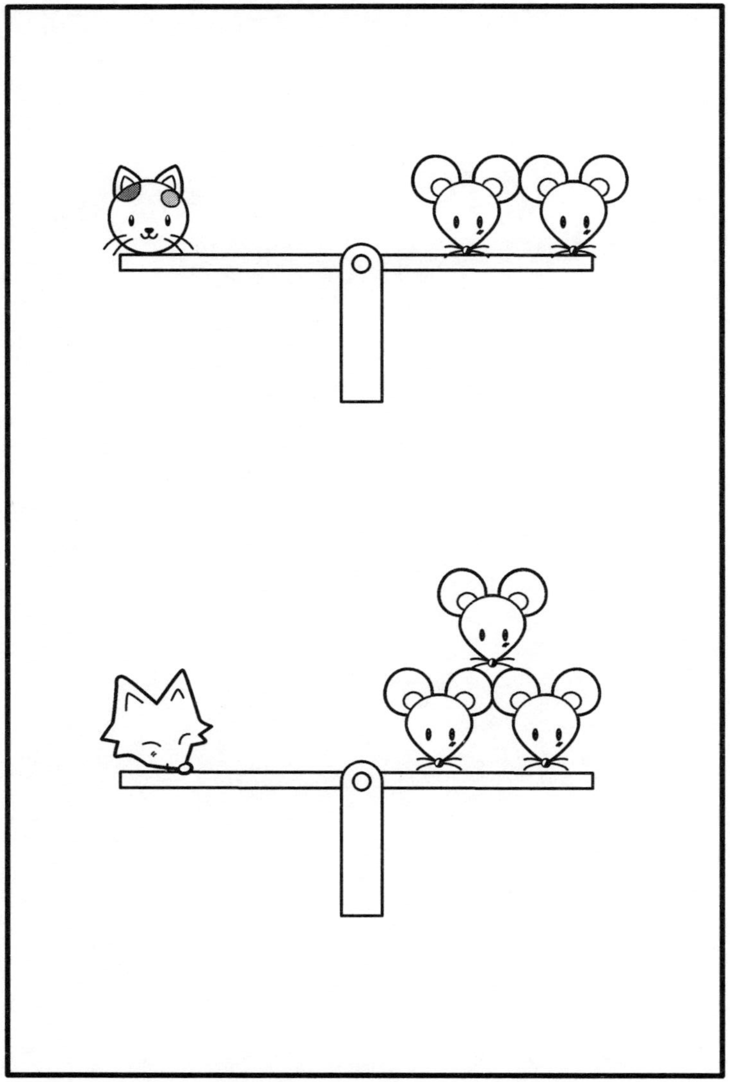

①

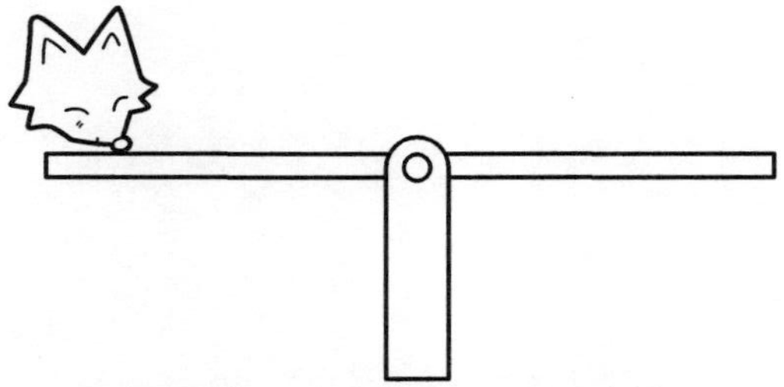

②

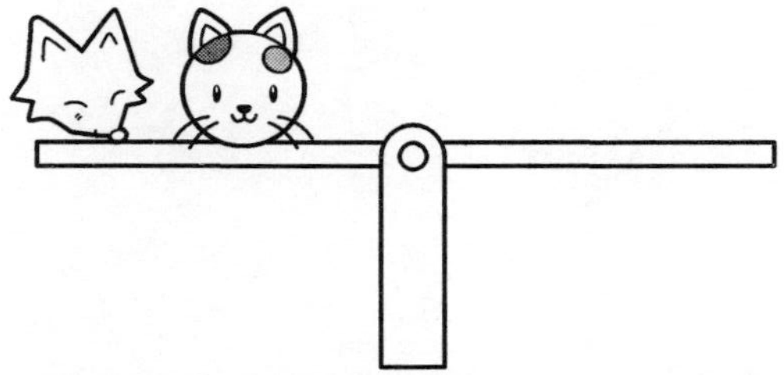

③

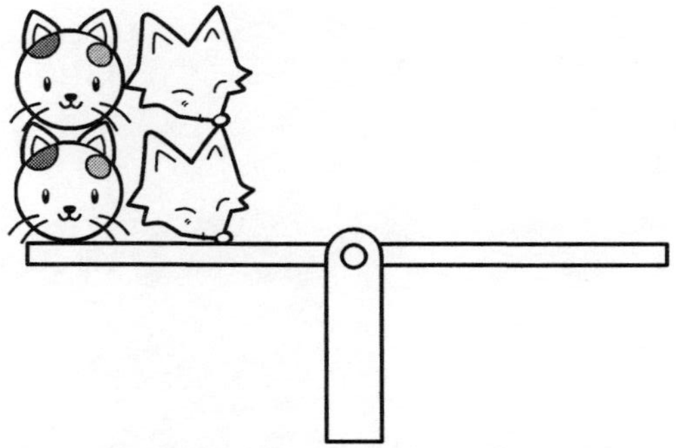

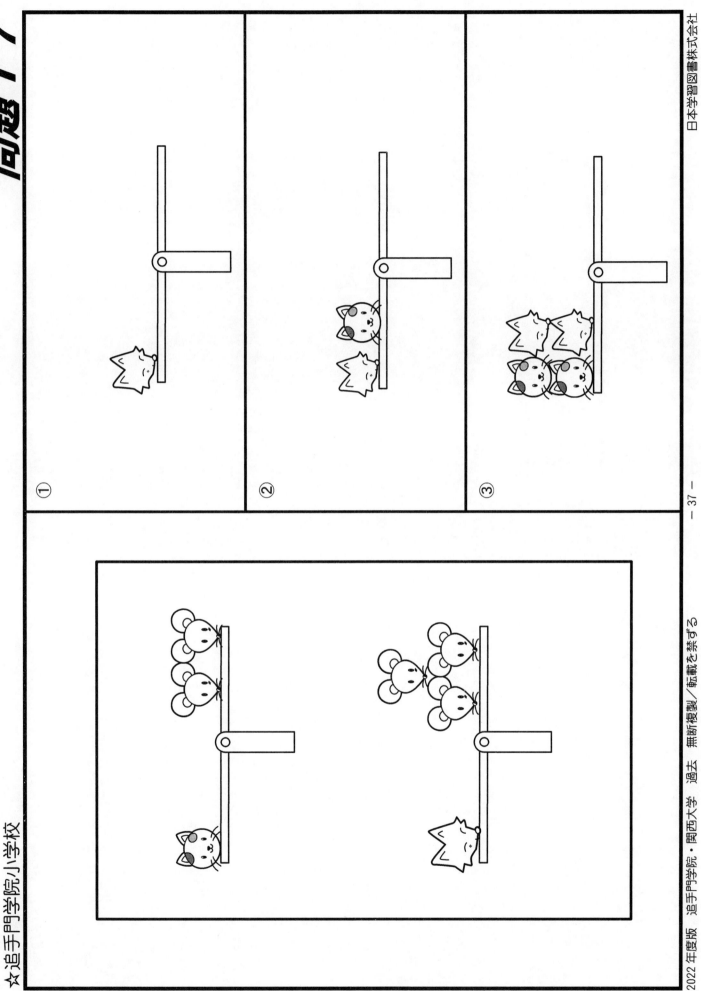

問題18

問題１９

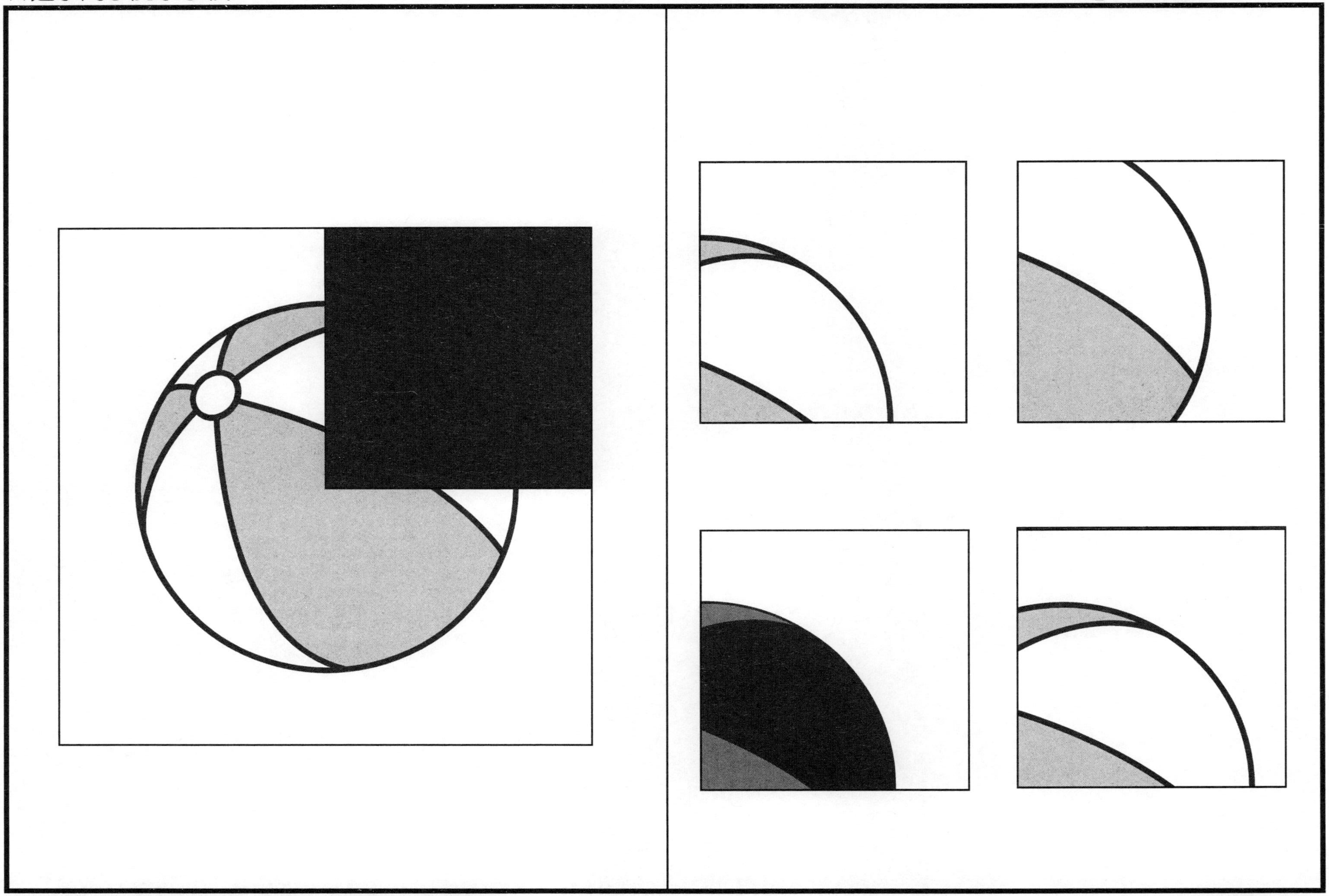

問題２０

追手門学院小学校　専用注文書

年　　月　　日

合格のための問題集ベスト・セレクション

＊入試頻出分野ベスト３

1st　図　形　思考力　観察力

2nd　記　憶　聞く力　集中力

3rd　巧緻性　集中力　聞く力

口頭試問での出題が多く、ペーパーテスト以外の学習も重要になってきます。巧緻性などは、例年同様の問題が出されていることから、しっかり準備をしてきてくださいという学校の意図が感じられます。

分野	書　名	価格(税込)	注文	分野	書　名	価格(税込)	注文
図形	Ｊｒ・ウォッチャー３「パズル」	1,650円	冊	数量	Ｊｒ・ウォッチャー37「選んで数える」	1,650円	冊
推理	Ｊｒ・ウォッチャー６「系列」	1,650円	冊	数量	Ｊｒ・ウォッチャー38「たし算・ひき算１」	1,650円	冊
図形	Ｊｒ・ウォッチャー８「対称」	1,650円	冊	数量	Ｊｒ・ウォッチャー39「たし算・ひき算２」	1,650円	冊
常識	Ｊｒ・ウォッチャー12「日常生活」	1,650円	冊	図形	Ｊｒ・ウォッチャー47「座標の移動」	1,650円	冊
数量	Ｊｒ・ウォッチャー14「数える」	1,650円	冊	言語	Ｊｒ・ウォッチャー49「しりとり」	1,650円	冊
数量	Ｊｒ・ウォッチャー16「積み木」	1,650円	冊	常識	Ｊｒ・ウォッチャー56「マナーとルール」	1,650円	冊
言語	Ｊｒ・ウォッチャー17「言葉の音遊び」	1,650円	冊	数量	Ｊｒ・ウォッチャー58「比較②」	1,650円	冊
記憶	Ｊｒ・ウォッチャー19「お話の記憶」	1,650円	冊	数量	Ｊｒ・ウォッチャー59「欠所補完」	1,650円	冊
記憶	Ｊｒ・ウォッチャー20「見る記憶・聴く記憶」	1,650円	冊	言語	Ｊｒ・ウォッチャー60「言葉の音（おん）」	1,650円	冊
巧緻性	Ｊｒ・ウォッチャー25「生活巧緻性」	1,650円	冊		新口頭試問・個別テスト問題集	2,750円	冊
運動	Ｊｒ・ウォッチャー28「運動」	1,650円	冊		新ノンペーパーテスト問題集	2,860円	冊
観察	Ｊｒ・ウォッチャー29「行動観察」	1,650円	冊		新運動テスト問題集	2,320円	冊
推理	Ｊｒ・ウォッチャー33「シーソー」	1,650円	冊		１話５分の読み聞かせお話集①・②	1,980円	各　冊
常識	Ｊｒ・ウォッチャー34「季節」	1,650円	冊		実践 ゆびさきトレーニング①・②・③	2,750円	各　冊

合計	冊	円

（フリガナ） 氏　名	電　話 ＦＡＸ E-mail
住　所　〒　　　－	以前にご注文されたことはございますか。 有　・　無

★お近くの書店、または記載の電話・FAX・ホームページにてご注文をお受けしております。
電話：03-5261-8951　FAX：03-5261-8953　代金は書籍合計金額＋送料がかかります。
※なお、落丁・乱丁以外の理由による商品の返品・交換には応じかねます。

★ご記入頂いた個人に関する情報は、当社にて厳重に管理致します。なお、ご購入の商品発送の他に、当社発行の書籍案内、書籍に関する調査に使用させて頂く場合がございますので、予めご了承ください。

日本学習図書株式会社
http://www.nichigaku.jp

〈関西大学初等部〉

※問題を始める前に、巻頭の「本書ご使用方法」「本書ご使用にあたっての注意点」をご覧ください。
※当校の考査は、クーピーペンを使用します。間違えた場合は＝（2本線）で消し、正しい答えを書くよう指導してください。指定のない場合は、黒のクーピーペンを使用してください。

保護者の方は、別紙の「家庭学習ガイド」「合格ためのアドバイス」を先にお読みください。
当校の対策および学習を進めていく上で、役立つ内容です。ぜひ、ご覧ください。

2021年度の最新問題

問題24　分野：推理（比較）

〈準 備〉　クーピーペン（赤、青、黄、緑、黒）

〈問 題〉　同じ模様のテープをつなげると、どの模様が1番長くなりますか。
下の四角に描いてあるテープに青の〇をつけてください。

〈時 間〉　20秒

問題25　分野：言語（擬態語・動作を表す言葉）

〈準 備〉　クーピーペン（赤、青、黄、緑、黒）

〈問 題〉　①「うとうと」を表している絵に、赤の〇をつけてください。
②「ほくほく」を表している絵に、緑の〇をつけてください。
③「むかむか」を表している絵に、赤の〇をつけてください。
④「いそがしい」を表している絵に、緑の〇をつけてください。

〈時 間〉　各10秒

問題26　分野：言語（擬態語・動作を表す言葉）

〈準 備〉　クーピーペン（赤、青、黄、緑、黒）

〈問 題〉　①「きる」という言葉に合わない絵に黒の〇をつけてください。
②「はかる」という言葉に合わない絵に青の〇をつけてください。
③「ひく」という言葉に合わない絵に黒の〇をつけてください。
④「かける」という言葉に合わない絵に青の〇をつけてください。

問題27　分野：お話の記憶

〈準備〉　クーピーペン（赤、青、黄、緑、黒）

〈問題〉　お話をよく聞いて後の質問に答えてください。
お話を聞いて、お話に合う絵に○をつけなさい。

今日はとてもいいお天気の日曜日です。動物園の飼育員のカバさんは、お掃除用のホースとブラシを持って、ゴリラくんのオリに行きました。「こんにちは。お掃除だよ」と言うと、ゴリラくんは「こんにちは。今日は暑いから、ホースで床に水をまいてよ」と言いました。カバさんは「いいよ。後でリンゴを持ってきてあげるよ」と言って、床に水をまいて掃除をしました。ゴリラくんはとても喜んで、ウッホウッホと飛び跳ねました。隣のオリのキリンさんが「ゴリラくん、楽しそうね。カバさん、わたしもリンゴが食べたいなあ」と言うと、カバさんはにっこり笑って「いいよ。お掃除が終わったら、持ってきてあげるよ」と言いました。次に向かったのは、ゾウさんのオリです。ゾウさんはカバくんが来るのを待っていて、「暑いねえ。ぼくは水浴びがしたいから大きなバケツに水を入れてきてくれるかい」と言いました。カバさんは「いいよ。今持ってきてあげるよ」と言って、たくさんの大きなバケツに水をいっぱい入れて持ってきました。ゾウさんはそれを鼻から飲んで自分の頭の上で吐き出しました。「わあい、冷たくて、気持ちがいいなあ」ゾウさんが喜んで耳と鼻をぱたぱた振ると、小さな虹ができました。

①カバさんはキリンさんに何がほしいと言われましたか。
②ゾウさんはカバさんに何を持ってきてもらいましたか。

問題28　分野：数量（複合）

〈準備〉　クーピーペン（赤、青、黄、緑、黒）

〈問題〉　左側に描かれた絵を見てください。
①モモの数だけ○を赤色で塗ってください。
②リンゴとイチゴを合わせた数だけ○を青色で塗ってください。
③バナナとスイカの数をくらべて、違う数だけ○を緑色で塗ってください。
④カキとクリの絵を見て、カキの数だけ○を黒色で塗ってください。

〈時間〉　30秒

問題29　分野：常識（複合）

〈準備〉　クーピーペン（赤、青、黄、緑、黒）

〈問題〉　**この問題の絵は縦に使ってください。**
①今日は5月10日の母の日です。だから、お母さんに花のプレゼントをしたいと思います。この花の中で、ふさわしくないものはどれでしょう。青の◯をつけてください。
②プレゼントの花をお母さんに渡した後、お父さんといっしょに散歩に出かけました。途中で道に黒いお財布が落ちていたので、拾って届けてあげました。お財布を届けたのはどこでしょう。黒の◯をつけてください。
③天気がよかったので、そのままお父さんといっしょに山へ出かけることにしました。鳥の声がして、そよそよと風が吹いています。山の頂上へ着くまでに見かけた生き物は何だと思いますか。赤の◯をつけてください。
④山の上は空気が澄んでいて眺めもよく、とても気持ちのよいところでした。山の頂上から双眼鏡で見えた景色はどれですか。緑の◯をつけてください。
⑤お家に帰ってから、お父さんといっしょにカレーを作りました。カレーを作る時の順番でこの中では最後になるものはどれですか。青の◯をつけてください。

〈時間〉　各20秒

問題30　分野：推理（迷路）

〈準備〉　クーピーペン（赤、青、黄、緑、黒）

〈問題〉　ドローンが迷路を飛んでいきます。壁にぶつかったら右に曲がります。どの☆のところに飛んで行きますか。緑の◯をつけてください。

〈時間〉　１分

問題31　分野：推理（複合）

〈準備〉　クーピーペン（赤・青・黄・緑・黒）

〈問題〉　①左側に描かれた絵を見てください。上から５番目に重なっている紙の模様はどれですか。右から選んで黒の◯をつけてください。
②左側に描かれた積み木の影はどれですか。右から選んで赤の◯をつけてください。

〈時間〉　各30秒

問題32　分野：推理（座標の移動）

〈準備〉　クーピーペン（赤、青、黄、緑、黒）

〈問題〉　①右から３番目の動物に青の○をつけてください。
②ゾウから右に４つ移動したマスに赤の○をつけてください。

〈時間〉　各30秒

問題33　分野：行動観察

〈準備〉　①なし
②造花、折り紙、ひも

〈問題〉　この問題の絵はありません。
（この問題は４人のグループごとに行う）
①今から見せる３つの動作を覚えてください。
「パンパンパン（３回手を叩く）」「トントントン（３回足踏みをする）」
「コンコンコン（パーにした左手をグーにした右手で３回叩く）」
覚えたら先生が言う通りにしてください（「パンパン」「トントントン」「コンコン」と言いながら、見本を見せ真似させる）。

②これから花束を作りましょう。まず、造花の中から、花を３本取ります。全部違う色の花にしましょう。それをお花紙で包み、ひもで結んで、花束にしてください。

〈時間〉　各５分

☆関西大学初等部

問題２４

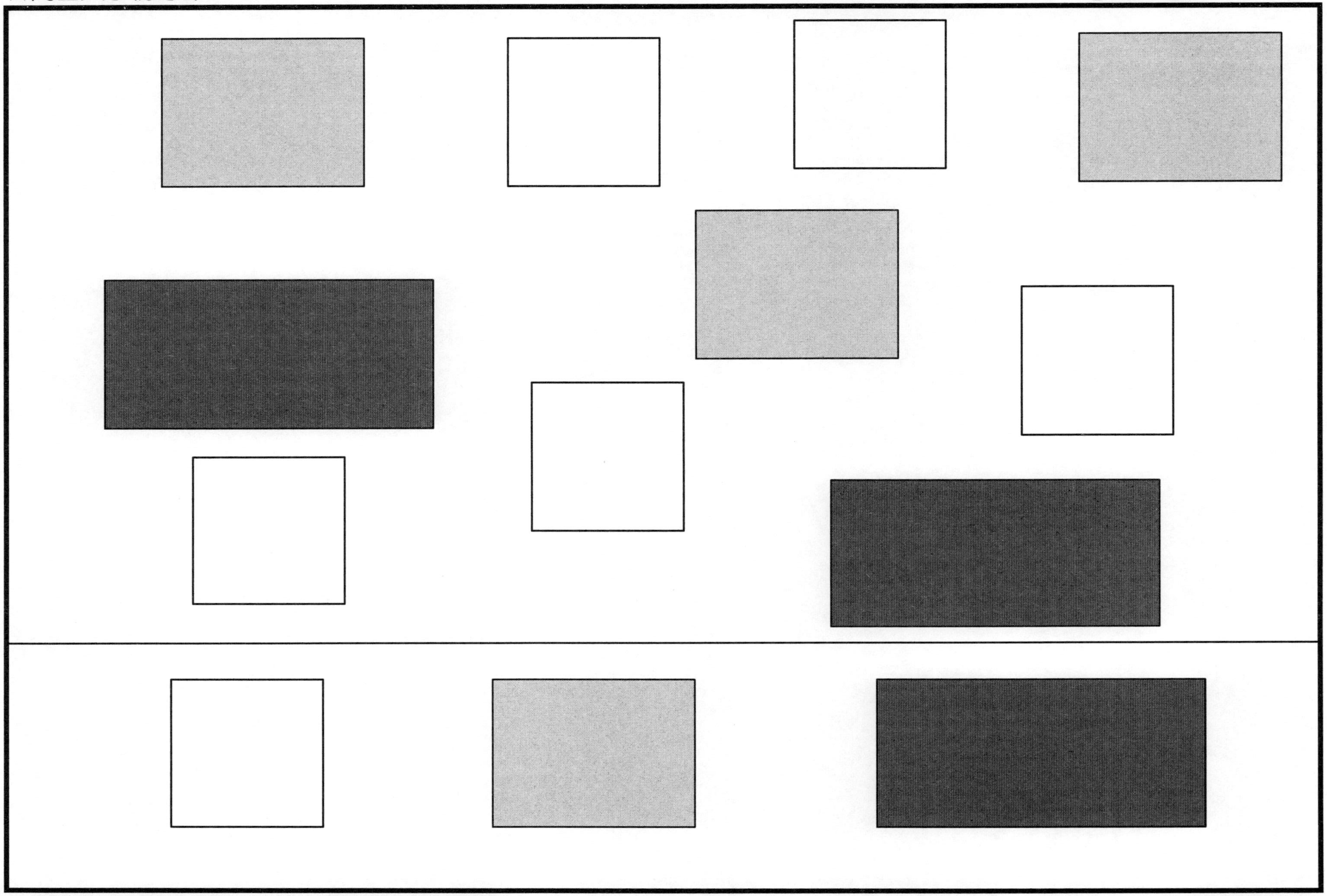

☆関西大学初等部

問題25

①

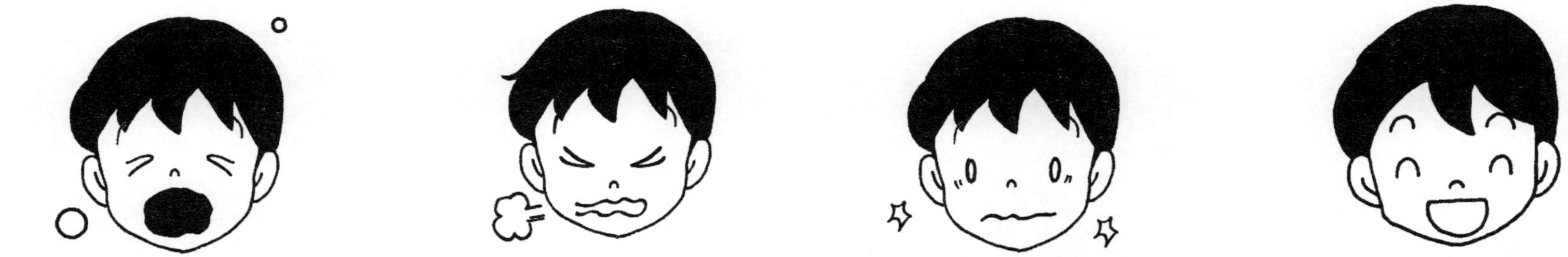

②

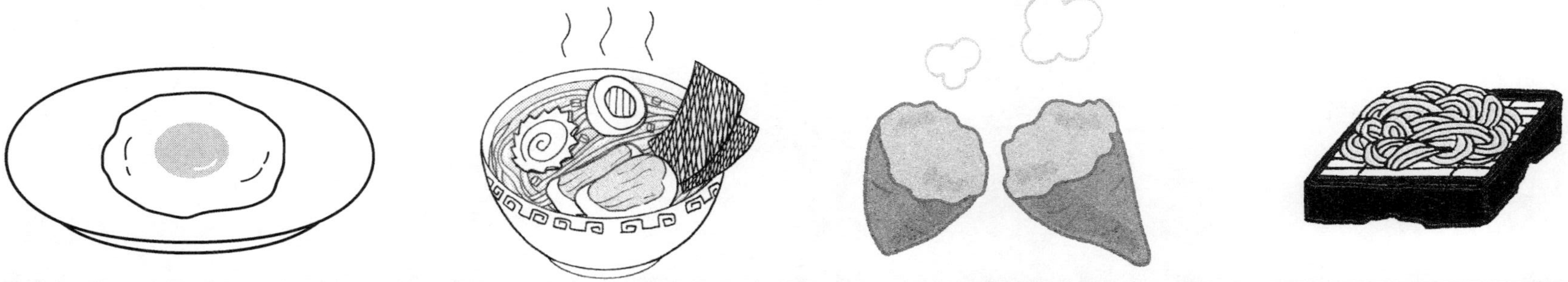

③

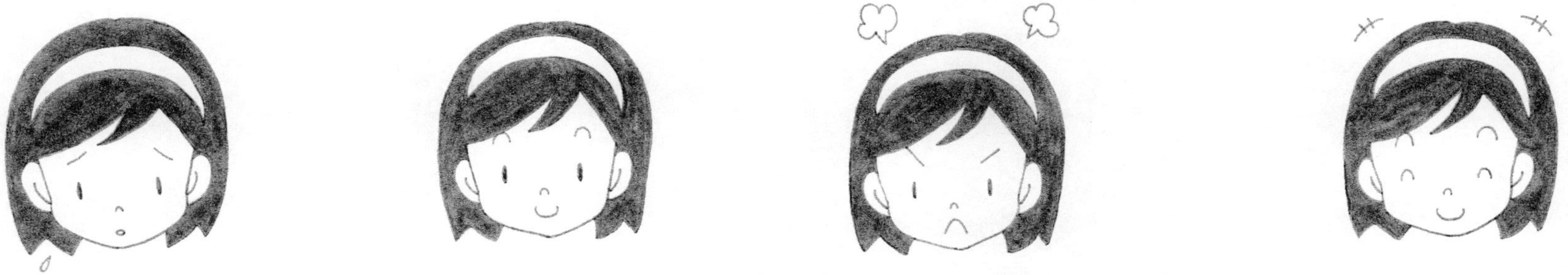

④

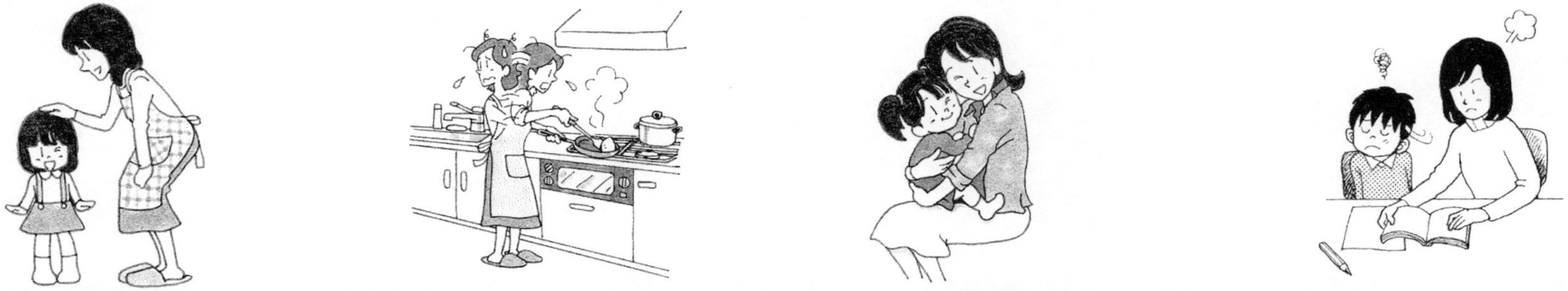

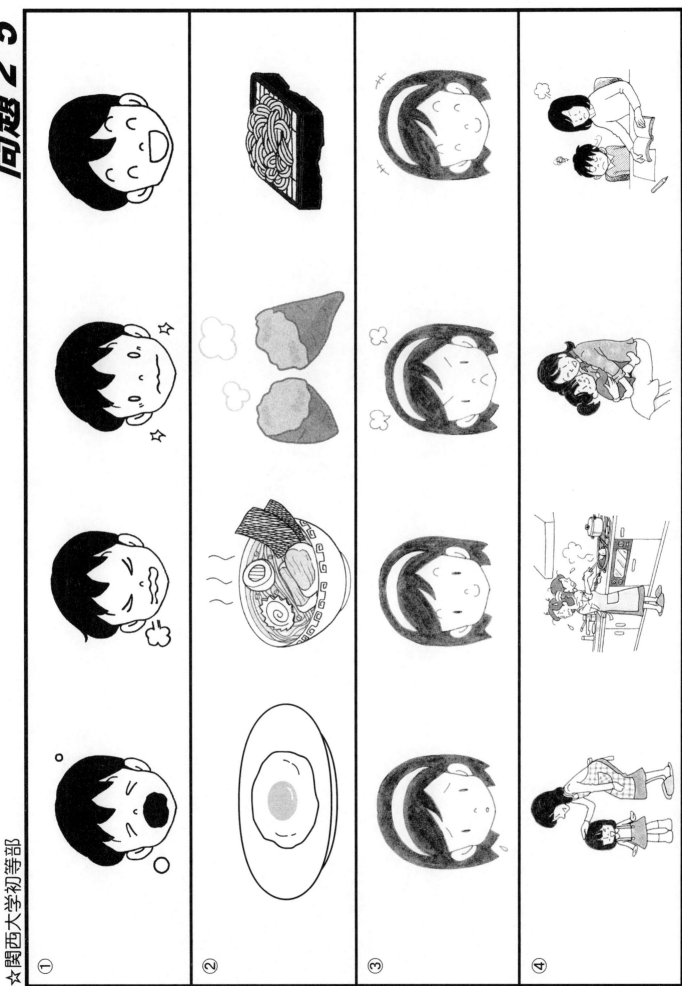

☆関西大学初等部

問題２６

①

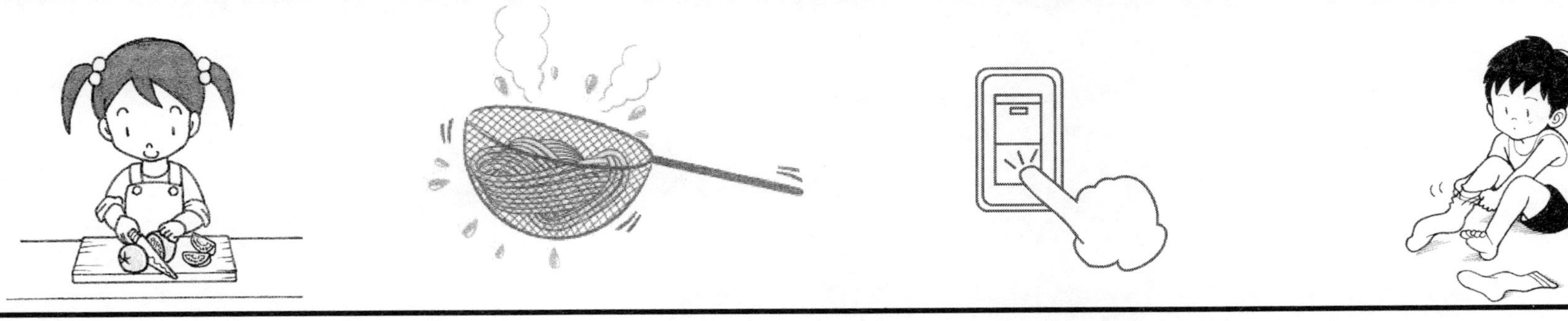

②

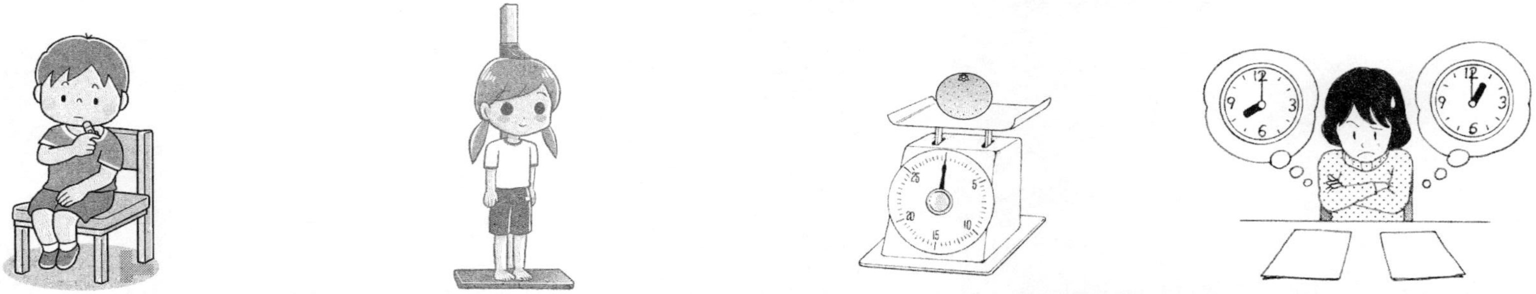

③

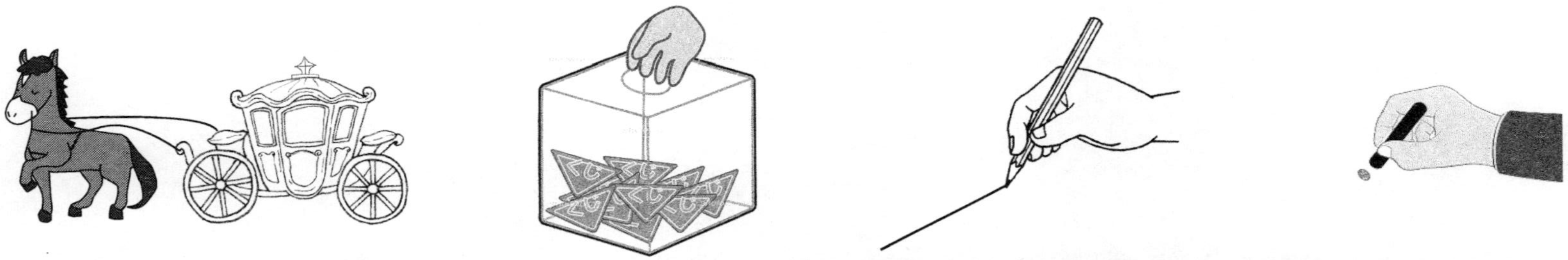

④

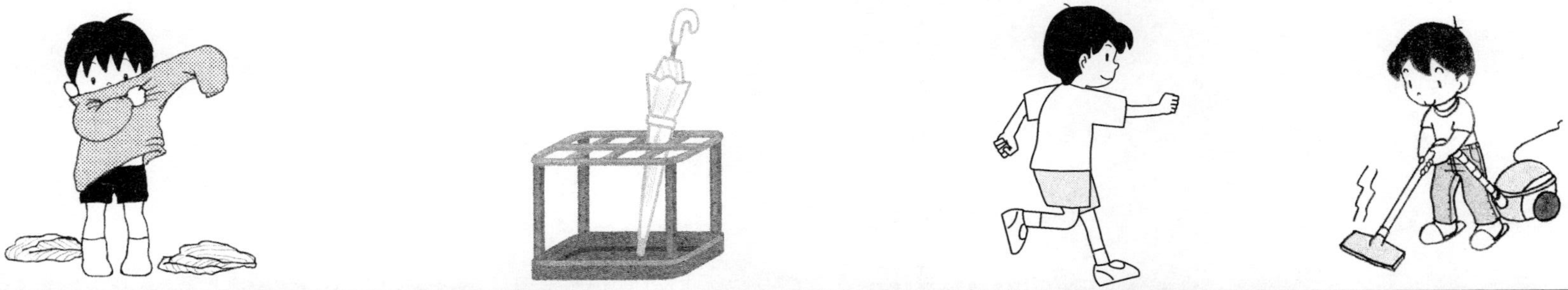

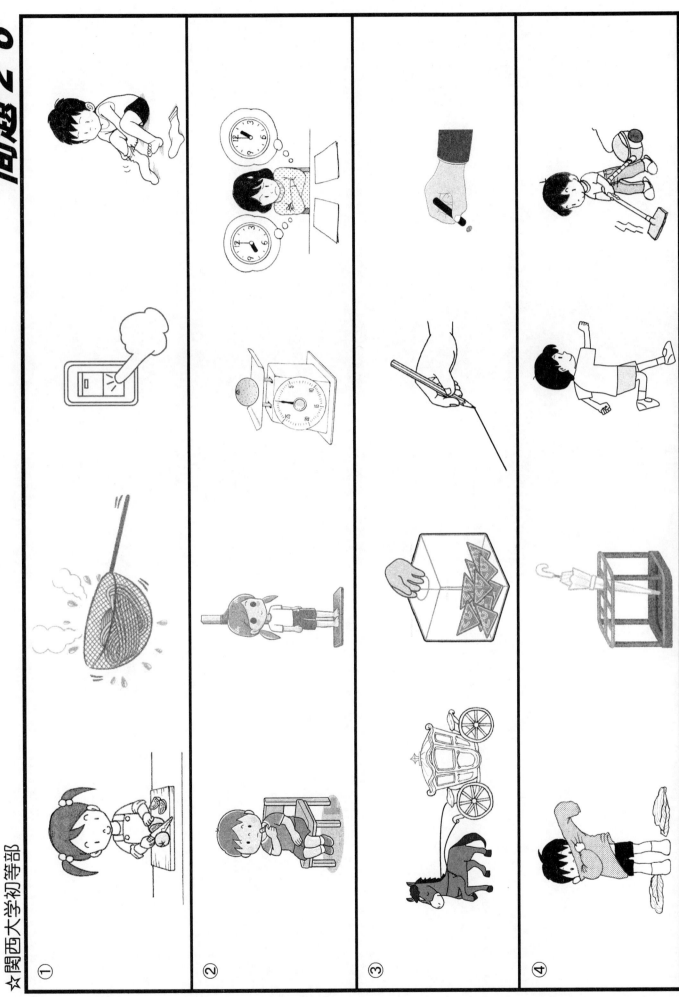

☆関西大学初等部

問題２７

①

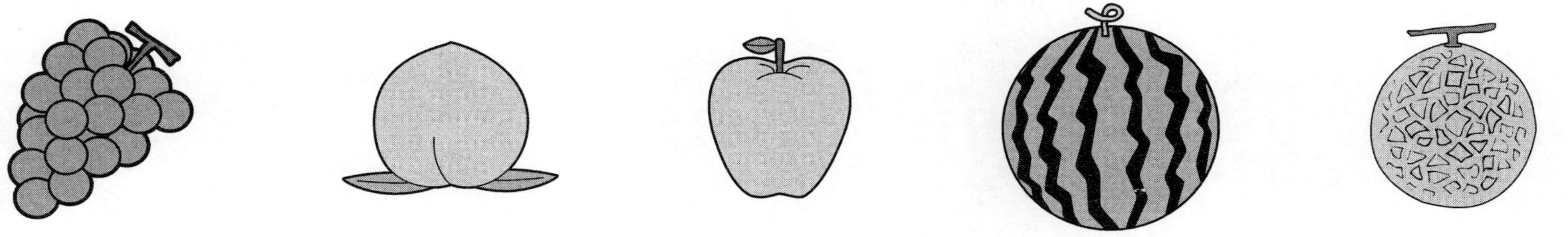

②

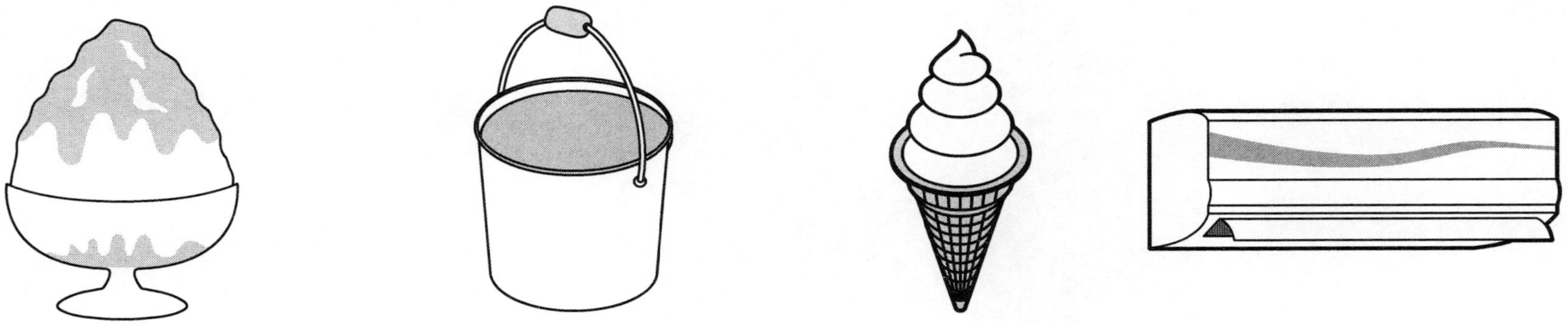

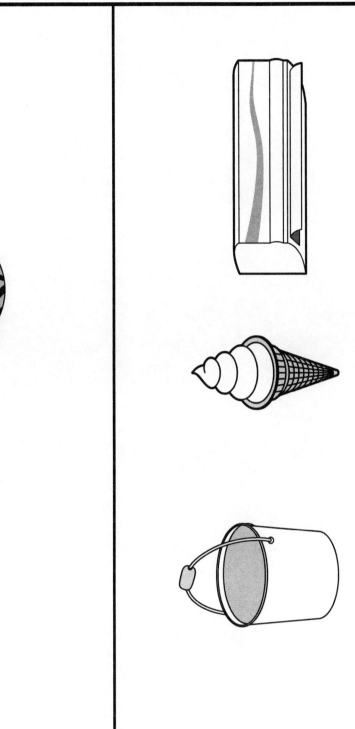

問題 2 8

☆関西大学初等部

① ◯◯◯◯◯◯◯

② ◯◯◯◯◯◯◯

③ ◯◯◯◯◯◯◯

④ ◯◯◯◯◯◯◯

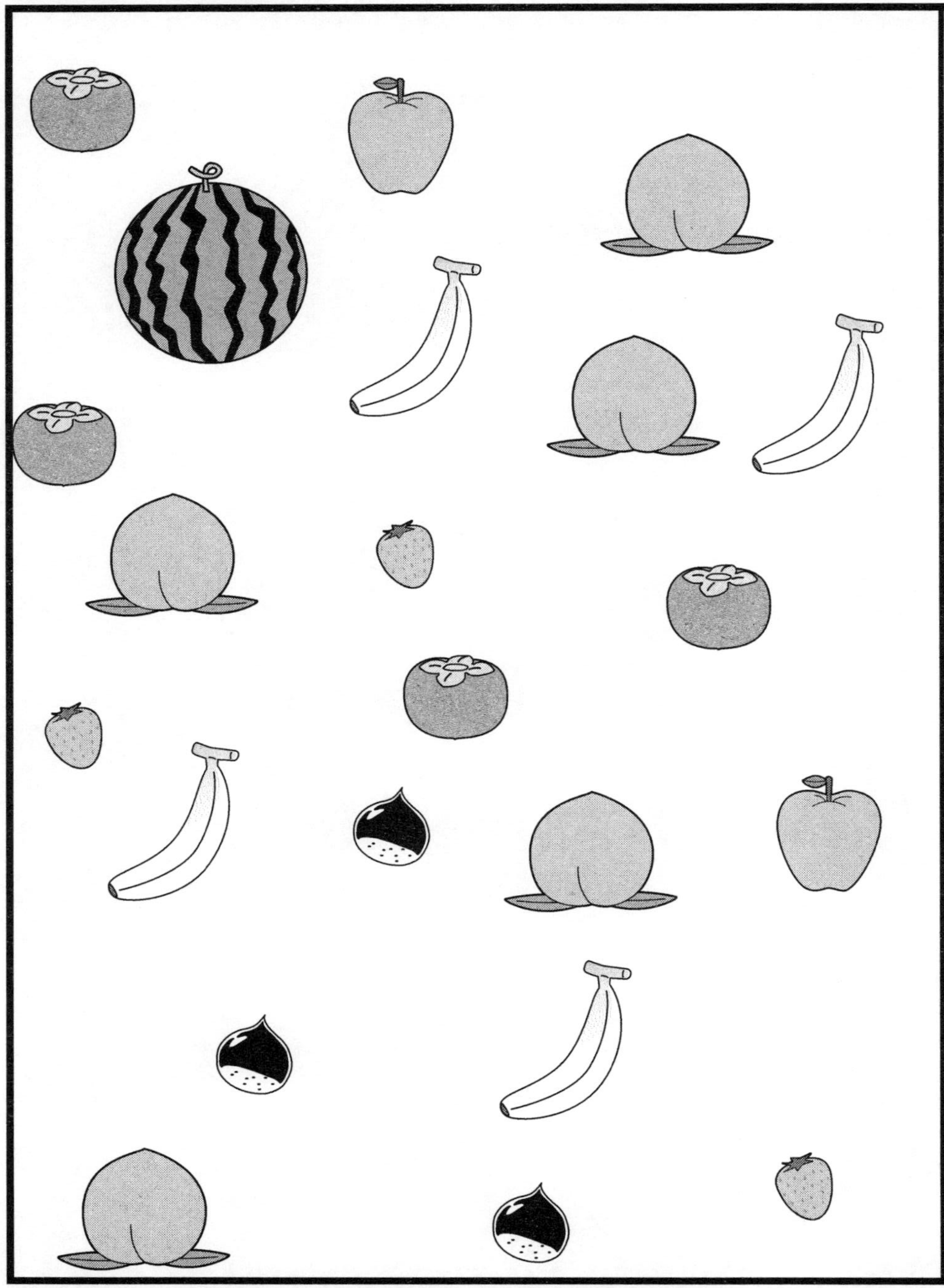

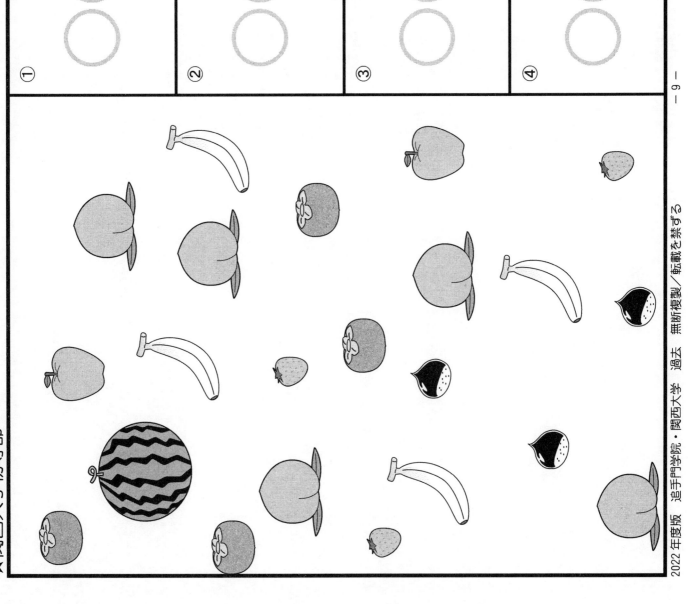

問題29

☆関西大学初等部

①

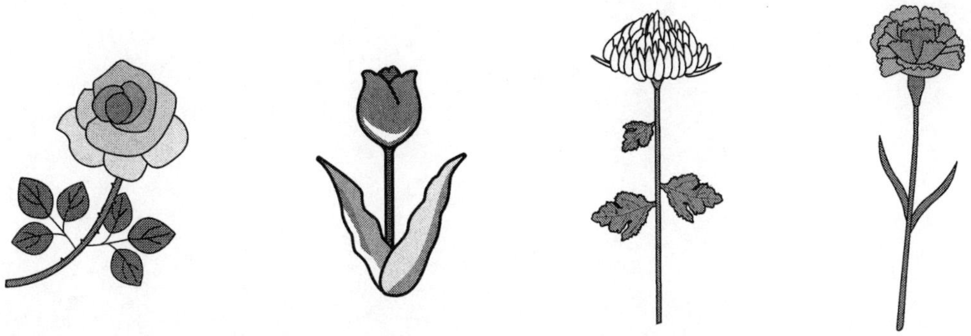

②

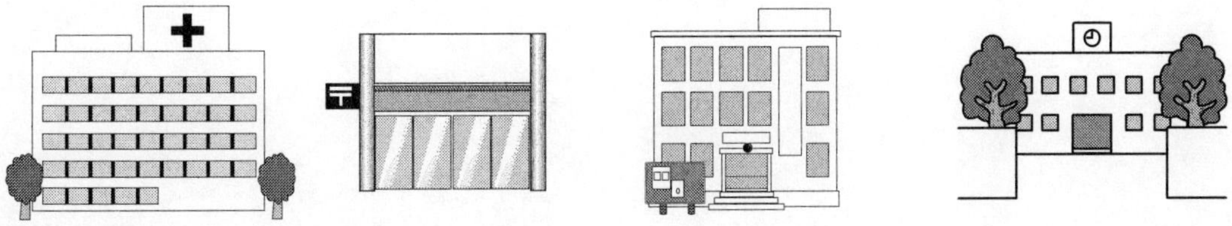

③

④

⑤

☆関西大学初等部

問題３０

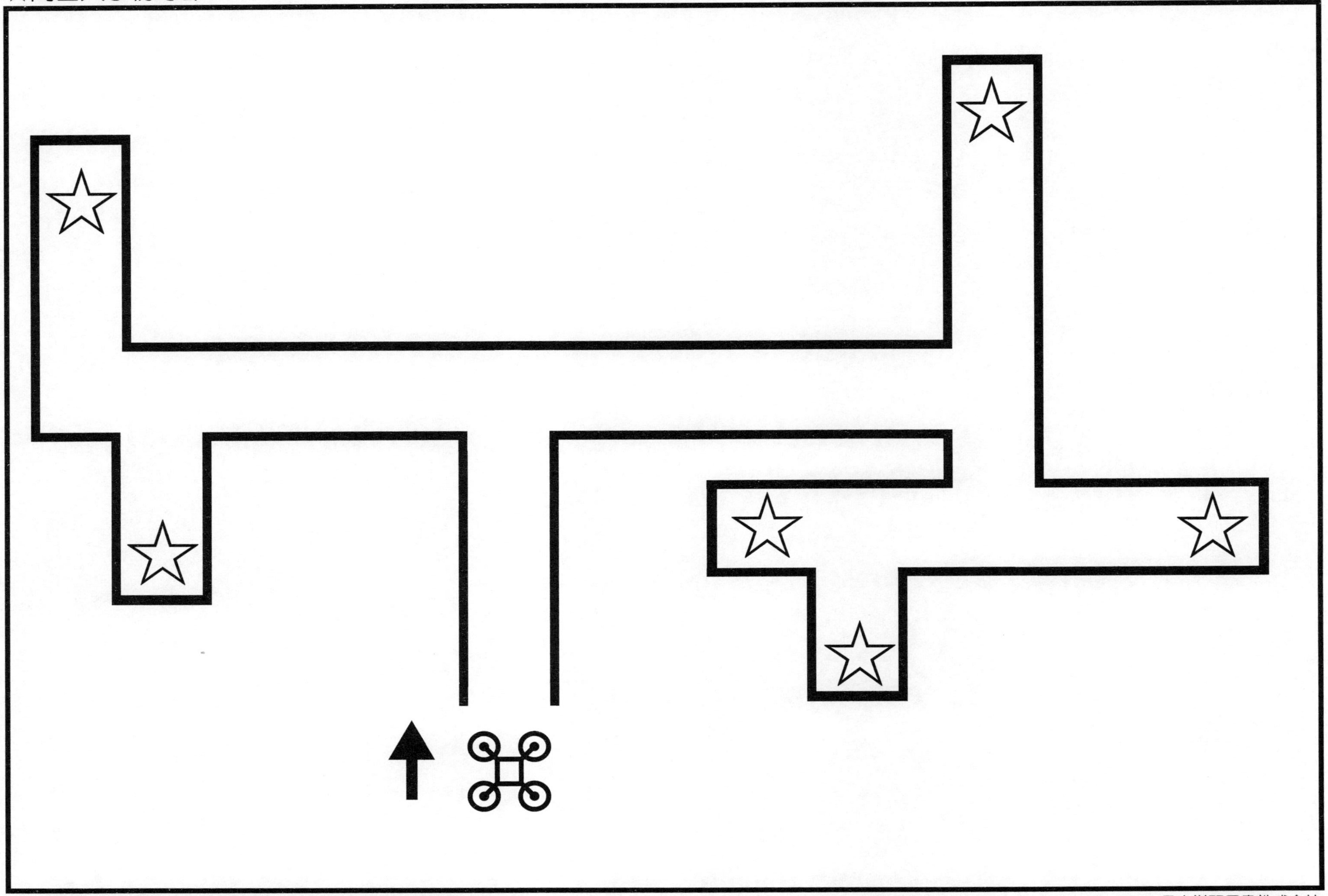

☆関西大学初等部

問題31

①

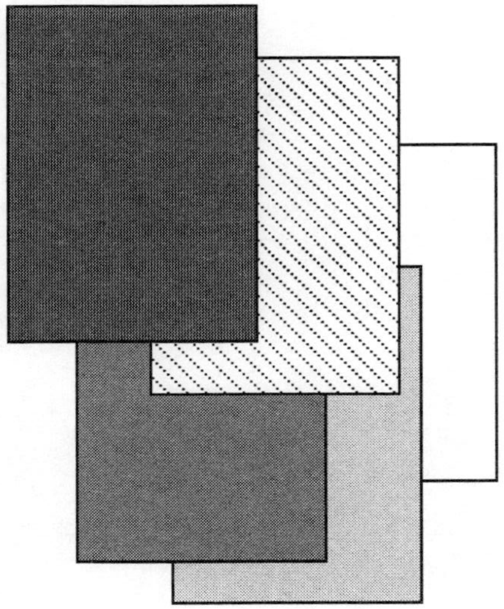

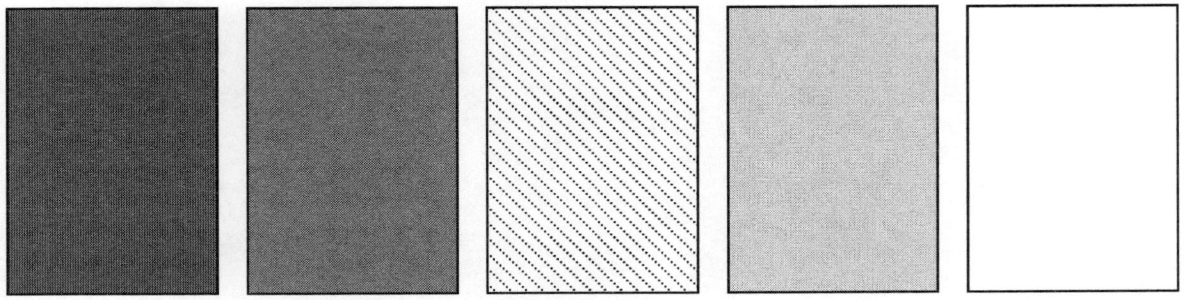

②

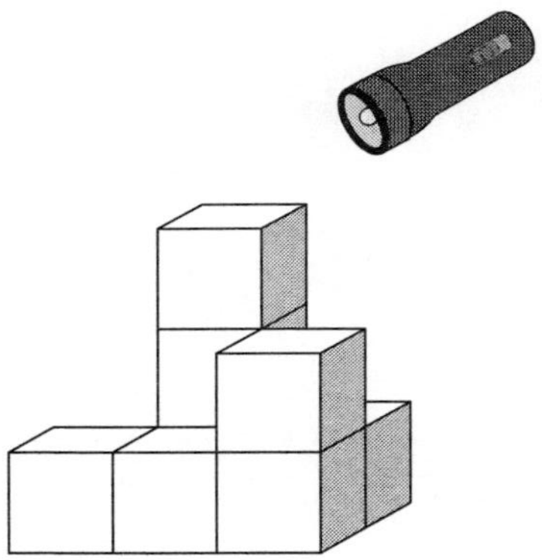

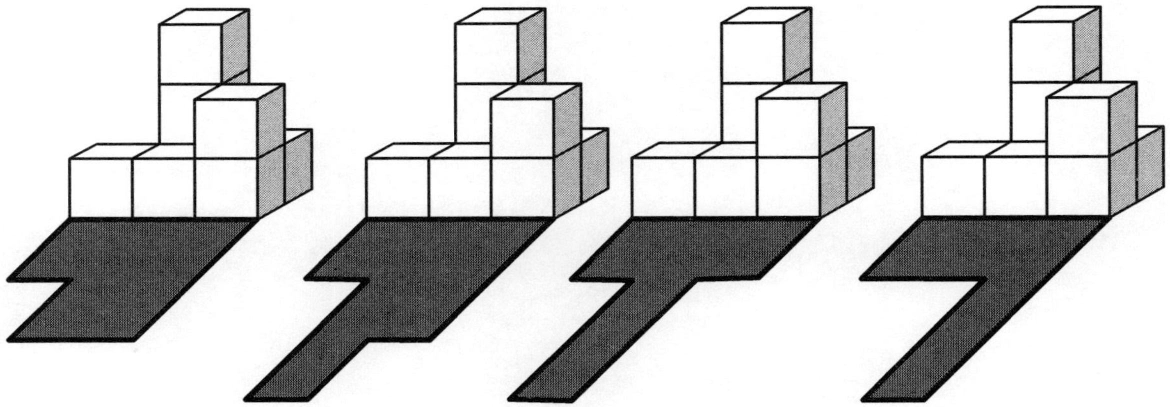

問題３２

日本学習図書株式会社

2021年度入試
解答例・学習アドバイス

解答例では、制作・巧緻性・行動観察・運動といった分野の問題の答えは省略されています。こうした問題では、各問のアドバイスを参照し、保護者の方がお子さまの答えを判断してください。

問題24　分野：推理（比較）

〈解答〉　〇：左（白のテープ）

解答時間が短いので、指をあてがって長さを測っていたりすると時間切れになります。論理的に考えましょう。１番短いものがいくつあって、その次に短いものがいくつあって、１番短いものがいくつあるかを確かめてから、「置き換え」を行います。この問題でわかりやすいのは「１番短いものは１番長いものの半分」ということでしょう。こういった形で置き換えながら「～は～のいくつ分」と考えていくのです。置き換えは最近の小学校入試で頻出する考え方ですから、知っておいて損はありません。また、ほかの問題でも使うことが多いので注意しておいてください。

【おすすめ問題集】

Ｊｒ・ウォッチャー15「比較」、「比較②」

問題25　分野：言語（擬態語・動作を表す言葉）

〈解答〉　①左端　②右から２番目　③右から２番目　④左から２番目

感情や行為、状況を表す言葉を選ぶ言語の問題です。小学校入試の問題ですから、生活の中で使う言葉しか出題されません。学習もこうした問題を解くとともに、生活のあらゆる場面で言葉を覚えることを中心にしてください。それも、こうした言葉がある、と教えるよりは保護者の方が会話の中で使い方を聞かせるようにしましょう。「ホクホクというのはね…」と解説するよりは、焼きイモを食べながら「ホクホクしておいしいわよね～」とお子さまに話しかける方が、お子さまはその言葉を理解してくれるのです。小学校入試の知識は言葉に限らず、教えるよりは体験の機会を設けた学習の機会になることが多くあります。

【おすすめ問題集】

Ｊｒ・ウォッチャー18「いろいろな言葉」

問題26　分野：言語（擬態語・動作を表す言葉）

〈解 答〉　①右端　②右端　③右端　④左端

動作を表す言葉を選ぶ言語の問題です。この問題も小学校入試の問題ですから、生活の中で使う言葉しか出題されません。ですから、生活の場面で、「こうすることを掃除機をかけると言います」と説明するよりは「掃除機をかけといて」とお子さまに言っておいた方が言葉を覚えるのです。安全に配慮する必要はありますが、できだけお子さまにお手伝いをさせたり、外出した時などに体験させることを意識しておきましょう。当校では、お子さまには少しむずかしい言葉が出題されることがあります（「湯を切る」など）。体験を多く積むことでこうした問題にも答えられるようにしておきましょう。

【おすすめ問題集】

Ｊｒ・ウォッチャー18「いろいろな言葉」

問題27　分野：お話の記憶

〈解 答〉　①リンゴ（真ん中）　②水を入れたバケツ（左から２番目）

当校のお話の記憶で扱われている短いもので、設問もお話の内容に沿ったものしか出題されていないので、きちんと聞き取れれば難しくない問題です。きちんと聞くということは「お話のポイント」を押さえる、ということでもあります。「誰が」「何を」「どうした」といったこと正確に記憶して、それを頭の中で並べ替えられるようになればほとんどの問題には答えられるでしょう。お話の聞き方は、慣れてくると自然に身に付くことではありますが、最初のうちはその助けを保護者の方がしてください。お話の途中で「ここまでのお話のあらすじを言ってみて」と聞くと、お子さまがそれをどれだけ身に付けているかがわかります。

【おすすめ問題集】

１話５分の読み聞かせお話集①・②、お話の記憶 初級編・中級編、
Ｊｒ・ウォッチャー19「お話の記憶」

問題28　分野：数量（複合）

〈解 答〉　①○：5　②○：5　③○：3　④○：4

ランダムに並べられていはいますが、全体の数は多くないので、落ち着いて数えることができればそれほど難しい問題ではありません。ひと目で数がわかないようなら、1つひとつに「✓」をしてもよいでしょう。ただし、「色を塗る」という作業があるので時間配分には気を付けてください。のんびりやっていると「わかっているのに答えられなかった」ということにもなりかねません。もしお子さまの作業が遅いようなら、作業のスピードだけなく、筆記用具の持ち方、塗り方になども見てあげてください。意外と間違っている場合があります。

【おすすめ問題集】

Ｊｒ・ウォッチャー14「数える」、37「選んで数える」、38「たし算・ひき算1」、39「たし算・ひき算2」

問題29　分野：常識（複合）

〈解 答〉　①キク（右から２番目）　②警察署（右から２番目）
③チョウ（右端）　④田植え（左端）　⑤味見（右から２番目）

短いお話を聞きながら、常識について答える問題です。お話の場面や流れも理解しないと答えられないので、意外と難しい問題かもしれません。例えば⑤は「山から下の景色を双眼鏡で見る」という状況とこのお話の季節という２つのことを聞き取っていないと「田植えは５月～６月に行われるもの」という知識があっても答えられないわけです。対応するには「正確に聞き取る」ことと「落ち着いて答える」ということを両立させる必要があります。なかなか難しいことではありますが練習しておいてください。なお、聞かれる常識もお子さまにとっては難しいものが多くなっています。こちらは問題集などで知識を補強しておきましょう。

【おすすめ問題集】

Ｊｒ・ウォッチャー11「いろいろな仲間」、27「理科」、34「季節」、55「理科②」

問題30　分野：推理（迷路）

〈解 答〉 下図参照

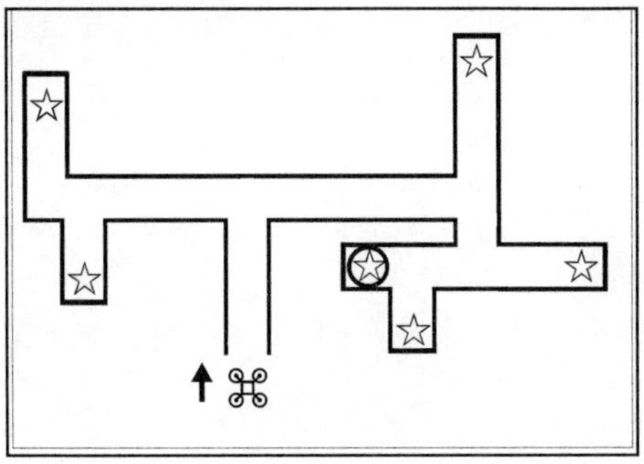

条件迷路の問題です。こうした問題は条件、つまり迷路を進む上でのルールを理解してから考えるようにしてください。慌てていると、そうしたことをよく聞かないで問題をとき始めてしまうものです。解き方としては、鉛筆でドローンの進む道に線を引いていけば、自然と答えにがわりますし、間違えないでしょう。それほど難しい問題ではありません。イラストの右・左がよくわからなかった場合や、この絵が俯瞰（上から見た図）ということがわからなかった場合は小学校受験の問題すべてにまだ慣れていないということです。できる範囲で各分野の基礎問題集からおさらいをしてみてください。

【おすすめ問題集】
Ｊｒ・ウォッチャー７「迷路」

問題31　分野：推理（複合）

〈解 答〉 ①右端　②左から２番目

①は紙の重なりの問題です。あまり出題されませんが、出題パターンはこれしかないので、この問題を充分理解しておけば大丈夫です。考え方としては１番上の紙から２番目の紙と順々に確かめていってください。それで答えが自然に出ます。②は影についての問題ですが、これもそれほど出題パターンはなく、せいぜい光を当てられるものが変わるぐらいです。これについては理屈はあまりなく、そういった経験のあるなしを確かめている問題だと考えてください。常識の問題などと同じで、そういった経験をお子さまにさせておくことが大事、ということになります。

【おすすめ問題集】
新口頭試問・個別テスト問題集、新ノンペーパーテスト問題集、
Ｊｒ・ウォッチャー11「いろいろな仲間」、12「日常生活」

問題32　分野：推理（座標の移動）

〈解答〉　下図参照

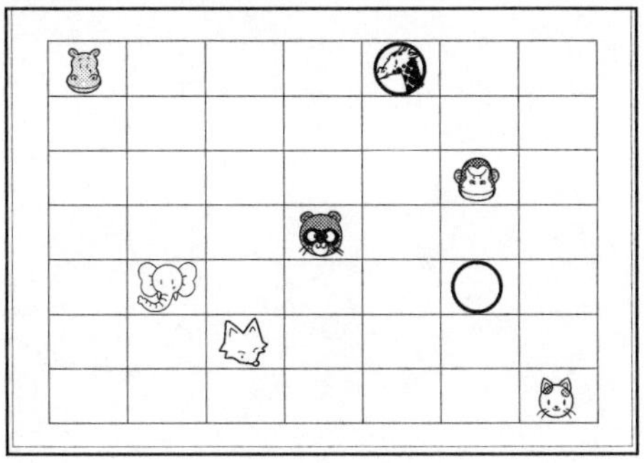

座標やその移動に関する問題です。上下左右がわかり、数が数えられれば答えられるのでそれほど難しいものではありません。それでも出題されるのはお子さまにとって上下はともかく、左右については混乱するからでしょう。前問の迷路でもそうですが、基準になるものの位置や方向が変わってしまうと途端によくわからなくなってしまうのです。これにはその変化をイメージして、そこから見た上下左右を考えるしかありません。大人にとっては簡単なことかもしれませんが、お子さまにはイメージのなかで位置や方向を変えるのはかなり難しいことです。同じことは図形の問題にも言えるますから、こういった分野の問題は練習をしてそういった感覚を付けていくことが大切になってきます。

【おすすめ問題集】

Ｊｒ・ウォッチャー47「座標の移動」

問題33　分野：行動観察

行動観察の問題ですが、①は準備体操のようなもので、特に注意するべきことはありません。指示をよく聞いてそのとおりに実行すればよいでしょう。②も花束を作るという課題ですが、複雑な作業ではないので指示が守れていればそれでよいと思います。つまり、どちらも準備が必要ないものですが、こうした課題で気を付けたいのは、指示以外のことをよかれと思って「工夫」してしまうことです。制作にしてもそうですが、「こっちの方がよいと思ったので～した」というのはたいていの場合、「指示を守っていない」ということでよい印象を与えません。ふだんからそういったことをしてしまう傾向のあるお子さまには、試験の場では我慢するように言っておきましょう。

【おすすめ問題集】

新 運動テスト問題集、Ｊｒ・ウォッチャー28「運動」

Ｊｒ・ウォッチャー12「日常生活」、25「生活巧緻性」

2020年度以前の問題

問題34　分野：数量（比較）

〈準 備〉　クーピーペン（赤、青、黄、緑、黒）

〈問 題〉　絵の中で１番長いひもに青のクーピーペンで○をつけてください。

〈時 間〉　20秒

〈解 答〉　下記参照

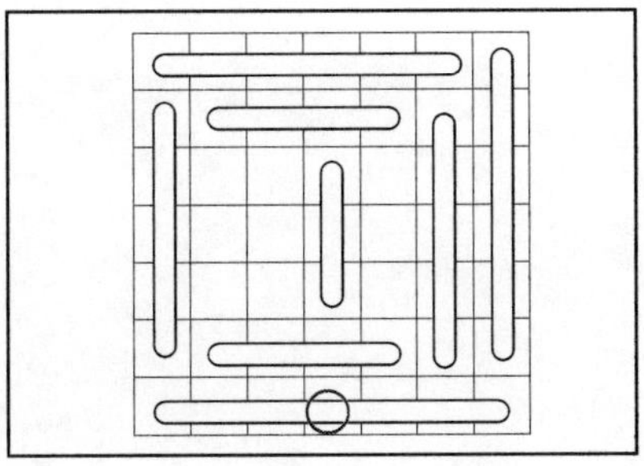

［2020年度出題］

学習のポイント

この問題は比較の問題です。見比べるひもが多く、それぞれのひもの長さも一見しただけでどれが１番長いかわかりにくいので、ひもを１つひとつ見比べなければいけません。とはいえ、解答時間が20秒と短いので、１つずつじっくり見ていると時間切れになってしまいます。それを防ぐためにも、見比べるスピードを上げていきたいです。実際にいくつかのひもを使って問題と同じ長さに切って、一列に並べて、見比べてみましょう。そしてそれらを並べた後に、もう１度問題と同じ位置に置く、ということを行ってみてください。この作業を行うと、１番長いひもがどれかわかり、長さについてもある程度イメージすることができるようになります。この実物を使った学習を繰り返していけば、ペーパーテストに切り替えても、ひもの長さについてイメージすることができるようになっています。

【おすすめ問題集】
　Ｊｒ・ウォッチャー15「比較」、「比較②」

問題35　分野：言語（擬態語・動作を表す言葉）

〈準備〉　クーピーペン（赤、青、黄、緑、黒）

〈問題〉　①「じめじめ」を表している絵に、赤のクーピーペンで○をつけてください。
②「あげる」以外の言葉に当てはまらない絵に、緑のクーピーペンで○をつけてください。

〈時間〉　各10秒

〈解答〉　①左端　②右端

［2020年度出題］

学習のポイント

当校でよく出題される、感情や行為、状況を表す言葉を選ぶ言語の問題です。ものの名称などとは違って、日常生活の中でよく使う言葉が出題されることが多いので、机上の学習で身に付けるというよりは、日常生活の中で、保護者の方がふだんから意識して言葉にすることが必要となります。例えば①ですが、雨が降ると湿気がひどくなります。その際に「今日はじめじめしているね」とお子さまにお話をすれば、「これが『じめじめ』なんだ」と身体的に覚えることができます。②の問題も実際に経験することが大切です。特に右から２番目のけんかをしている様子を「手を上げる」と選ぶのは、この年齢のお子さまにとっては難しいかもしれません。よいことではありませんが、お子さまが誰かとケンカした時などに、保護者の方が「〇〇くん（さん）に手を上げない！」と叱ってあげれば、身体的に理解していくでしょう。

【おすすめ問題集】
　Ｊｒ・ウォッチャー18「いろいろな言葉」

問題36　分野：お話の記憶

〈準 備〉　クーピーペン（赤、青、黄、緑、黒）

〈問 題〉　お話をよく聞いて後の質問に答えてください。

今日はとてもよいお天気だったので、クマくんは散歩をすることにしました。クマくんはお母さんに「散歩してくるね」と伝えると、「せっかくだから、魚屋さんでお魚を買ってきてよ」と言われたので、クマくんはお買い物もすることにしました。クマくんは「あ、そういえば、大好きな本が今日発売だった！」と思い出し、最初に本屋さんへ向かいました。本屋さんへ向かう途中、ネズミさんに会いました。こんにちは、ネズミさんどこへ行くの？」とクマくんが聞くと、「今からピアノのレッスンなの」とネズミさんが言いました。クマくんが今から本を買いに行くことを告げると、「私もその本を読みたいの、読み終えたら貸してね」というのでネズミさんに貸す約束をしました。本屋さんは空いていたので、すぐにお目当ての本は買えました。本屋さんの隣が魚屋さんです。クマくんが「お魚ください」とお店の人に伝えると、「どのお魚だい？」と聞かれました。「あれ、いけない！　どのお魚か聞くの忘れちゃった」

①クマくんはお母さんにどのお店へ行くように言われましたか。
　正しいと思うものに赤のクーピーペンで○をつけてください。
②ネズミさんは何の練習をしにいきますか。
　正しいと思うものに黄色のクーピーペンで○をつけてください。

〈時 間〉　各20秒

〈解 答〉　①左端（魚屋）　②左から２番目（ピアノ）

［2020年度出題］

学習のポイント

当校のお話の記憶で扱われているお話は400字程度と短いもので、設問もお話の内容に沿ったものしか出題されていないので、きちんと聞き取れれば難しくない問題です。ただ、きちんと聞き取るためには、お話の場面をイメージすることが大切です。これは当たり前ですが、最初からできるものではありません。日頃の読み聞かせによってできることなので、まずは読み聞かせを繰り返してください。そして絵本を読み終えた後に、お子さまに質問をしてください。その時に考えることがすなわちイメージすることとつながってきます。また、解答する際に、クーピーペンの色の指示が設問によって違うので、お話を聞き終えた後も集中することが必要です。

【おすすめ問題集】
　1話5分の読み聞かせお話集①・②、お話の記憶 初級編・中級編、
　Ｊｒ・ウォッチャー19「お話の記憶」

問題37　分野：図形（パズル・図形の構成）

〈準備〉　クーピーペン（赤、青、黄、緑、黒）

〈問題〉　上の図形を見てください。上の図形の黒い部分に当てはまるものを下の四角の中から選んでください。赤のクーピーペンで○をつけてください。

〈時間〉　20秒

〈解答〉　右端

［2020年度出題］

学習のポイント

当校では例年図形の問題は幅広く出題されているので、どの問題が出てもいいように対策をとっておきましょう。見本の図形の欠けている部分に当てはまるパーツを選ぶという複合問題です。見本の正方形は縦横に３つの正方形が入る大きさです。選択肢の真ん中をあてはめると縦が４つになってしまったり、左をあてはめると正方形になりません。結果として正解は右の選択肢になります。お子さまがこういった問題を解けなかったのならば、図形を操る感覚がついていないのでしょう。例えば、見本の正方形の縦横の大きさが３つの正方形が入るサイズだと感覚的にわからなければ答えることは難しくなります。この感覚は同じような問題を解いたからといって身に付くものではありません。実際に積み木やタングラムなどで図形を動かしたり、組み立てたりしないと身に付かないものです。

【おすすめ問題集】

Ｊｒ・ウォッチャー３「パズル」、54「図形の構成」

問題38　分野：推理（系列）

〈準備〉　クーピーペン（赤、青、黄、緑、黒）

〈問題〉　あるお約束にしたがって動物が並んでいます。四角の「？」に入る動物に赤のクーピーペンで○をつけてください。

〈時間〉　30秒

〈解答〉　サル

［2020年度出題］

学習のポイント

この系列の問題は一般的なものと比べて、非常に難しいものと言えるでしょう。というのも「ハウツー」が使えないからです。「ハウツー」とは、系列の問題でよく使われる、パターンを探すために指を使って答えが出すという解答方法です。それがこの問題では使えません。というのも、この系列の問題のパターンは、まずブタが１匹います。その次に、ゴリラが２匹、そしてウシが１匹、その次にウサギが３匹という順番になっています。つまり、「１匹→２匹→１匹→３匹→１匹→４匹…」と１匹の動物のあとにつづく動物は２匹、３匹、４匹とだんだんと数が続くパターンになっています。系列の問題をいつも「ハウツー」で解いているお子さまはまずこのパターンに気付くことができないでしょう。ですから、そういう方法を知っていても、楽をせず、考えて問題を解きましょう。系列の問題をはじめ、推理分野の問題に答えるために大切なポイントです。

【おすすめ問題集】
Ｊｒ・ウォッチャー６「系列」

問題39　分野：数量（数える・たし算）

〈準 備〉　クーピーペン（赤、青、黄、緑、黒）

〈問 題〉　チューリップとコスモスを合わせるといくつになりますか。
その数だけ右の四角に赤のクーピーペンで○をつけてください。

〈時 間〉　20秒

〈解 答〉　○：９

［2020年度出題］

学習のポイント

当校では例年数量の問題は頻出分野です。チューリップとコスモスをあわせていくつになるかという問題です。見てわかる通り、左の絵にはチューリップとコスモスしか描かれていないので、ただかぞえて○をつければいいということです。つまりここで観られているのは、絵を○に写すだけということに気付けるかどうかでしょう。解答時間が20秒と短いのはそのせいかもしれません。そのことに気付けないお子さまはこの解答時間はとても短く焦ってしまい、○も形のよいものが書けないかもしれません。そういったところも観られていると考え、○はていねいに書くように心がけましょう。

【おすすめ問題集】
Ｊｒ・ウォッチャー14「数える」、37「選んで数える」、38「たし算・ひき算1」、39「たし算・ひき算2」

問題40　分野：複合（常識、迷路、四方からの観察）

〈準備〉　クーピーペン（赤、青、黄、緑、黒）

〈問題〉　（問題40-1の絵を見せる）
①あなたは卵、大根、ステーキ、牛乳、アメを買います。できるだけ短い距離を歩いて買うにはどの順番で回ればよいでしょうか。「★」から黒のクーピーペンで線をひいてください。
（問題40-2の絵を見せる）
②絵のような景色が見えるのはどのあたりでしょうか。
先ほど線を引いた絵に正しいと思う位置に赤のクーピーペンで○をつけてください。

〈時間〉　1分

〈解答〉　①②下記参照

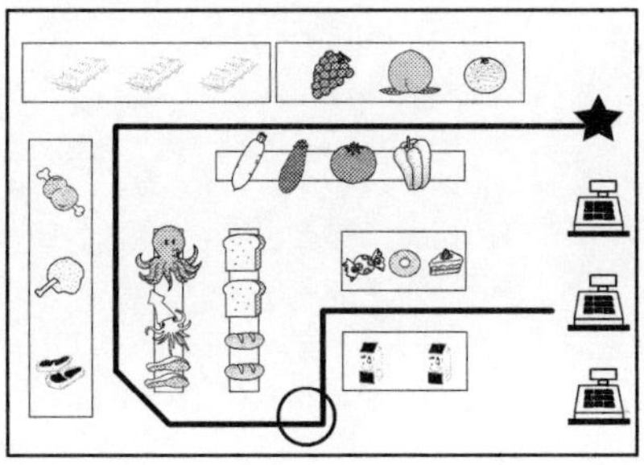

［2020年度出題］

学習のポイント

本問のように日常生活をテーマにした出題が多いのも当校の特徴です。机の上での学習のようにいわゆる「学習」をするのではなく、日常生活の中から学んで、使える知識を身に付けてもらいたいという意図が学校側にあるのでしょう。①は、地図の見方を理解しているかを確認する問題です。どのように地図を進んでいけば、最短距離で買い物ができるか、買う順番を覚えているか、などが観られています。②の問題は、実際に買い物のお手伝いをしている時などに確認してみるとよいでしょう。実際に自分の見えている景色を地図で見ながら確認することはより深い理解ができるようになります。

【おすすめ問題集】
Ｊｒ・ウォッチャー7「迷路」、10「四方からの観察」、11「いろいろな仲間」、12「日常生活」

問題41　分野：図形（座標の移動）

〈準 備〉　クーピーペン（赤・青・黄・緑・黒）
問題41の絵の左側のマスに指定の色を塗っておく。

〈問 題〉　左の四角を見てください。色によって進む方向が決まっています。では右の四角を見てください。「☆」に行くには４マス必要ですが、その４マスそれぞれ何色に塗ればよいでしょうか。下のマスに色を塗って、「☆」に行けるようにしてください。

〈時 間〉　30秒

〈解 答〉　下記参照

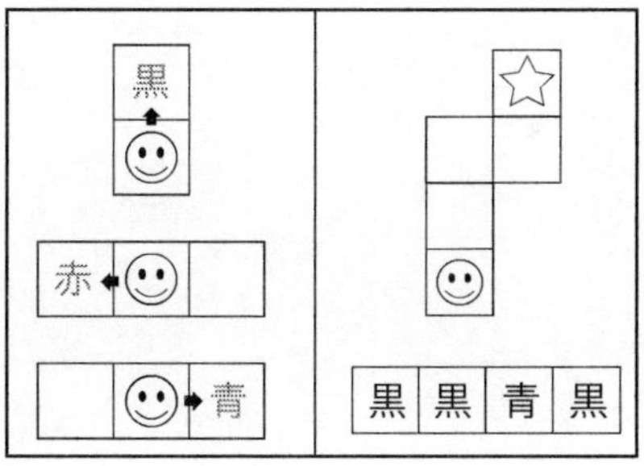

［2020年度出題］

学習のポイント

当校では、図形分野の問題は例年頻出しています。今回も座標の移動で出題されました。左の条件を踏まえて、どの色を塗って、「☆」のところまで行けるかを答える問題です。条件をしっかりと頭に入れておく必要があります。30秒と解答時間が短いので、１つひとつ進む方向を確認してから色を塗っていると時間がなくなってしまいます。ですので、進む方向をまず１通りすべて確認してください。そうすると「上・上・右・上」ということがわかり、上へ進むためには、黒。右に進むためには、青ということがわかります。このように「記憶する→色に置き換える」というパターンで類題を繰り返し解いていけば、問題を解く精度が自然と上がってきます。また、この問題は色を塗るという指示を聞き間違えて、右下のマスを塗らずに、そのまま上のマスを塗ってしまうかもしれません。まずは指示を１通り聞いてから解くということをしっかりとお子さまにさせましょう。また、この問題はマスに色を塗ります。ていねいに色を塗るという意識を持ってください。

【おすすめ問題集】
　Ｊｒ・ウォッチャー47「座標の移動」

問題42　分野：お話の記憶

〈準備〉　クーピーペン（赤、青、黄、緑、黒）

〈問題〉　お話をよく聞いて後の質問に答えてください。
カバさんの将来の夢は悪い人を捕まえる人です。「素敵ね、私はお手紙を書くのも、もらうのも好きだから、それを渡す人になりたいな」とウサギさん。ウサギさんの隣にいる人はお医者さんになりたいそうです。

動物たちの将来の夢はどれでしたか。
動物とその職業を赤のクーピーペンで線をひいてください。

〈時間〉　30秒

〈解答〉　下図参照

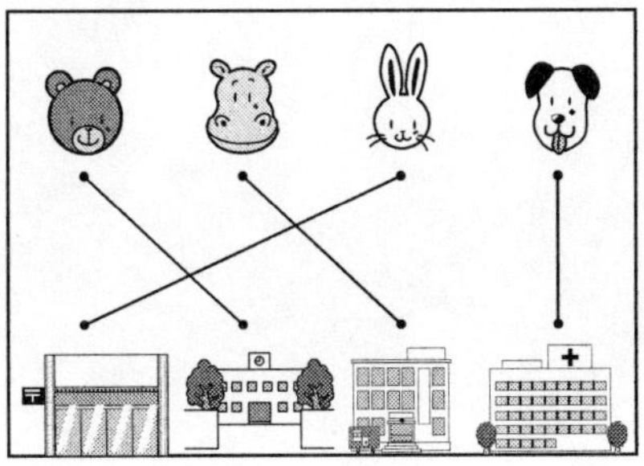

［2020年度出題］

学習のポイント

お話は短く、記憶することは自体は簡単ですし、仕事の内容と職場を関連付けするのも問題ないでしょう。「悪い人を捕まえる」で警官、「お手紙を渡す」で郵便局員といったところは特に解説することもありません。お子さまが戸惑うとすれば、消去法で発言している人を特定することでしょう。絵ではウサギさんの隣にいるのは、イヌとカバです。このうちカバは直接「警官になりたい」と言っているので、「お医者さんになりたい」と言っているのはイヌということになります。といった形で答えを出していくのですが、この消去法を使った考え方、慣れていないとお子さまには難しいです。お勉強というよりは、読みものやクイズでよく見られるようなものですから、機会があればそういった机の上での学習以外から学んでみるのもよいでしょう。

【おすすめ問題集】
Ｊｒ・ウォッチャー19「お話の記憶」

問題43　分野：お話の記憶

〈準備〉　クーピーペン（赤、青、黄、緑、黒）

〈問題〉　お話をよく聞いて後の質問に答えてください。
たろうくんの誕生日はセミの鳴く頃です。はなこちゃんの誕生日はこいのぼりが出ている頃です。とおるくんの誕生日ははっぱが赤い頃です。

たろうくんの誕生日と同じ季節の絵に赤のクーピーペンで○を、はなこちゃんの誕生日と同じ季節の絵に青のクーピーペンで○を、とおるくんの誕生日と同じ季節の絵に黄色のクーピーペンで○をつけてください。

〈時間〉　30秒

〈解答〉　たろう：風鈴、はなこ：カブト、とおる：カボチャ

[2020年度出題]

学習のポイント

前問と同じく、短いお話を聞き取る問題です。登場人物のお誕生日と同じ季節の絵を選ぶ問題で、聞かれている常識は基本的なものです。季節についての常識分野をもう一度解いてみてください。学習よりも効果的なのが経験ですから、保護者の方は、お子さまが少しでも季節を体感できるような環境づくりを意識しましょう。こどもの日が近づいたらカブトを家に飾ったり、夏に風鈴・蚊取り線香を着けたり、ハロウィンでカボチャを使ったりというようにです。もちろん、ご家庭の状況によってはできない場合はあるでしょうが、今ではさまざまなメディアで気になった時に調べることができます。とにかくお子さまに直接でも間接的でも季節感を触れさせるということを意識して指導してください。

【おすすめ問題集】
　Ｊｒ・ウォッチャー19「お話の記憶」

問題44　分野：行動観察

〈準 備〉　①積み木、ボウリング、動物園の柵の描かれた模造紙、クレヨン（1セット）
②道具箱、クレヨン、ハサミ、のり、色鉛筆、画用紙
③平均台

〈問 題〉　**この問題の絵はありません。**
（この問題は4人のグループごとに行う）
①ここにあるもの（積み木、ボウリング、お絵かき）で自由に遊んでください。タンバリンが鳴ったら、違う遊びに変えてください。2回遊んだら終了してください。
②（1人ずつ空の道具箱を渡される）
1. クレヨン、ハサミ、のり、色鉛筆、画用紙などをかごから取り、各自の道具箱にしまってください。
2. グループで誰か1人が画用紙を出してください。
3. 画用紙に大きなシャボン玉を1つ描いてください。
4. それぞれが小さなシャボン玉を2つ描き、色を塗ってください。
5. できたグループはホワイトボードにマグネットで貼ってください。
6. 誰が貼るのか相談して決めてください。

③今からドンジャンケンをします。2チームに分かれ、1人ずつ順番に出ていき、平均台の上で相手とジャンケンをします。勝てばそのまま進み、負けた人はすぐ平均台を降りましょう。平均台を渡りきったチームの勝ちです。

〈時 間〉　各15分

〈解 答〉　省略

［2020年度出題］

学習のポイント

本問では自由遊び→集団制作と課題が変化しますが、共通して観られているのは、集団行動における協調性です。集団行動においては、ほかのお友だちの迷惑になるような行動や、自分勝手な行動をしないことが前提のルールです。まずこのルールを守った上で、集団内で積極性や創造性を発揮できるとよいでしょう。当校の行動観察は、「入学後にクラス単位で問題なく行動できるか」ということが観られているようです。グループで行う行動観察は、初対面のお友だちと仲良くすることに慣れていないとなかなか難しいものです。少しでも慣れておくためにも、日頃から公園などに行き、同年代のお友だちと遊ぶ機会を多く作るように心がけましょう。またその際、お子さま同士でトラブルがあった場合、すぐに保護者の方が介入するのではなく、まずはどういう風に解決しようとするのか見守るということも大切です。そうすることで、お子さま自身がほかのお友だちとどのように向き合っていけばよいのか、学ぶ機会につながります。

【おすすめ問題集】
新口頭試問・個別テスト問題集、新ノンペーパーテスト問題集、
Ｊｒ・ウォッチャー29「行動観察」

問題45　分野：親子面接

〈準備〉　なし

〈問題〉　**この問題の絵はありません。**

（質問例）

【保護者への質問】

・志望理由をお聞かせください。
・オープンスクールに参加して印象に残ったことを教えてください。
・家庭での教育方針についてお聞かせください。
・お子さまの長所と短所を教えてください。
・お子さまが関西大学初等部に向いているという点を教えてください。

【志願者への質問】

・幼稚園の先生の名前を教えてください、またどんな先生ですか。
・その先生に怒られたことはありますか。
・お友達の名前を教えて下さい、いつも何をして遊びますか。
・おうちの人のお手伝いをしますか、どんなお手伝いをしますか。
・好きな料理ベスト３を教えてください。
・先生としりとりをしましょう。

〈時間〉　適宜

〈解答〉　省略

［2020年度出題］

学習のポイント

当校の面接は親子面接で行われます。面接日は試験日の１～３週間前に行われます。面接時間は約15分で、質問は保護者に３割、志願者に７割といったところです。当校の面接の特徴としては、聞かれた質問を答えたら、そのあとに深く理由などが聞かれることです。例えば、好きな料理ベスト３は何ですか？　と聞かれるとするならば、答えたものに、なぜですか？　と聞かれるようにです。お子さまには、なぜ○○が好き、苦手なのか、など自分の言葉で理由を言えるようにしておく必要があります。面接の対策ではありませんが、日常生活の中で、保護者の方はお子さまの行動について理由をしっかり聞くようにしておきましょう。そうすることでお子さまは自分の意見・理由を言うことが自然にできるようになります。保護者の方の質問は特に父親・母親に対してというものはありませんが、今一度お互いの教育観などを共有し合い、考え方に大きな違いがないように対策を取っておきましょう。

【おすすめ問題集】

新 小学校受験の入試面接Ｑ＆Ａ、面接テスト問題集、面接最強マニュアル

☆関西大学初等部

問題３４

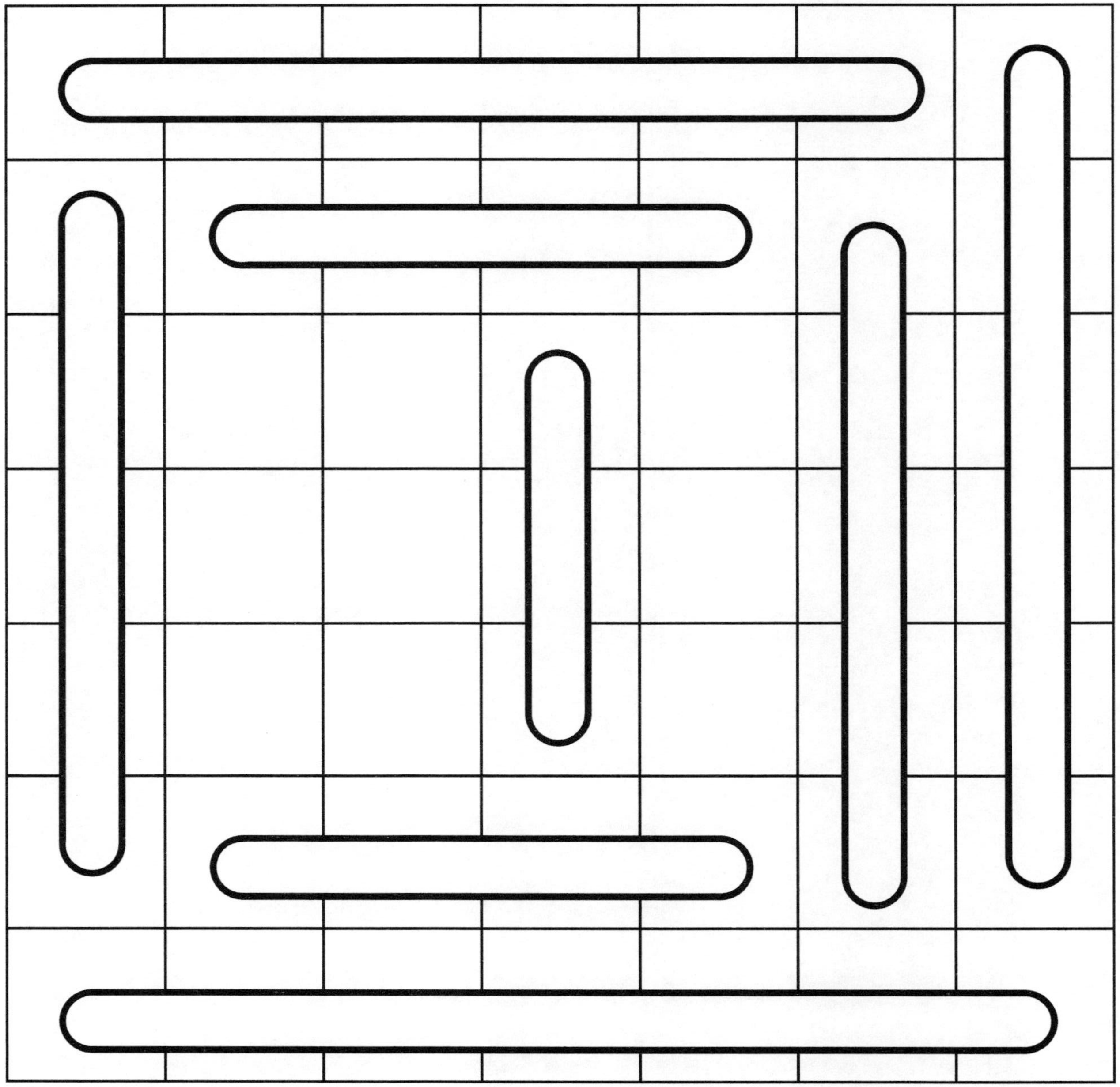

日本学習図書株式会社

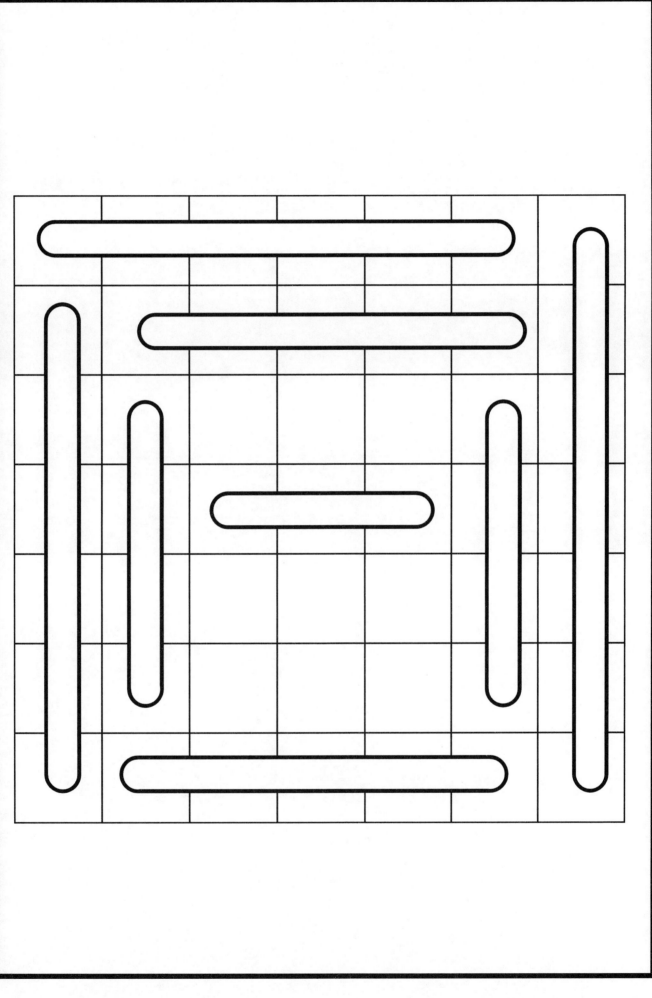

☆関西大学初等部

問題３５

①

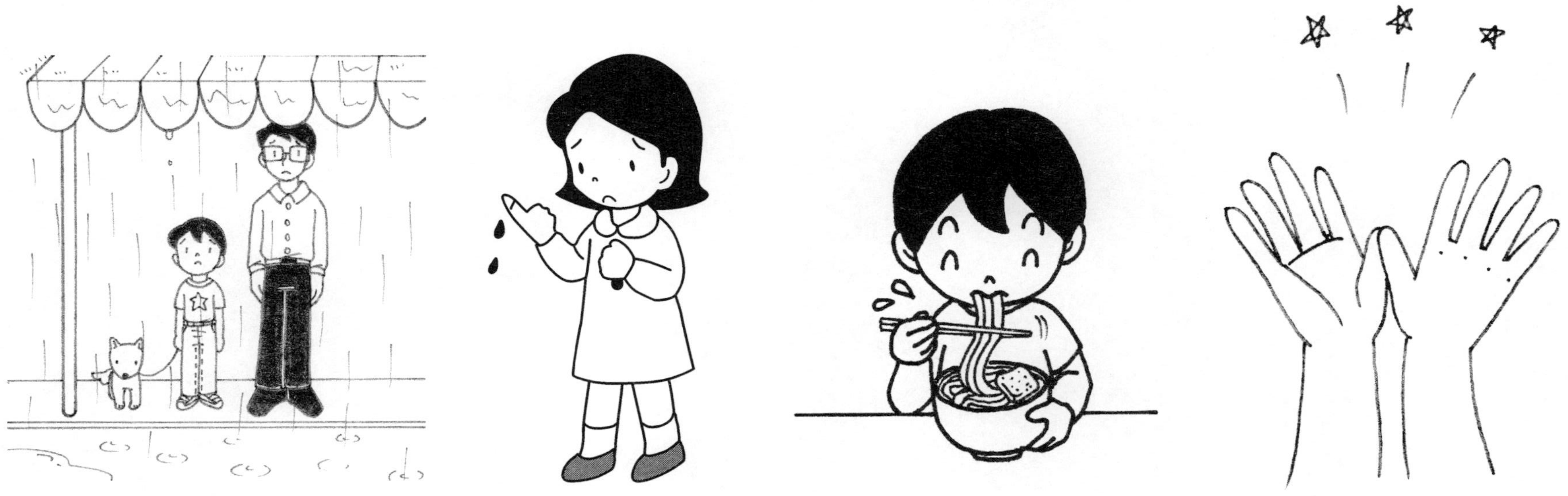

②

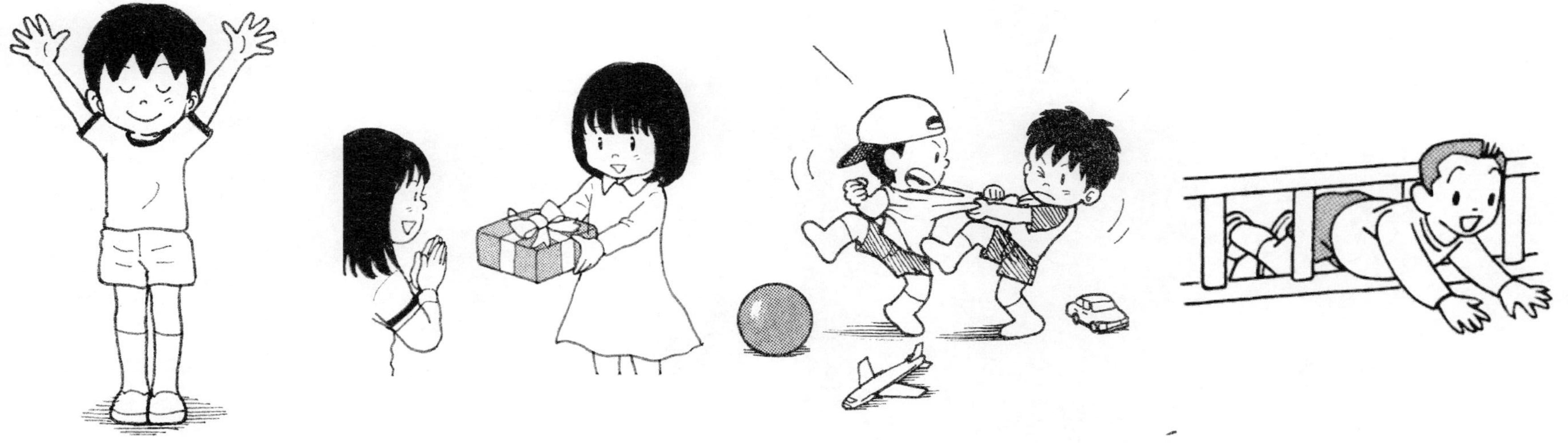

日本学習図書株式会社

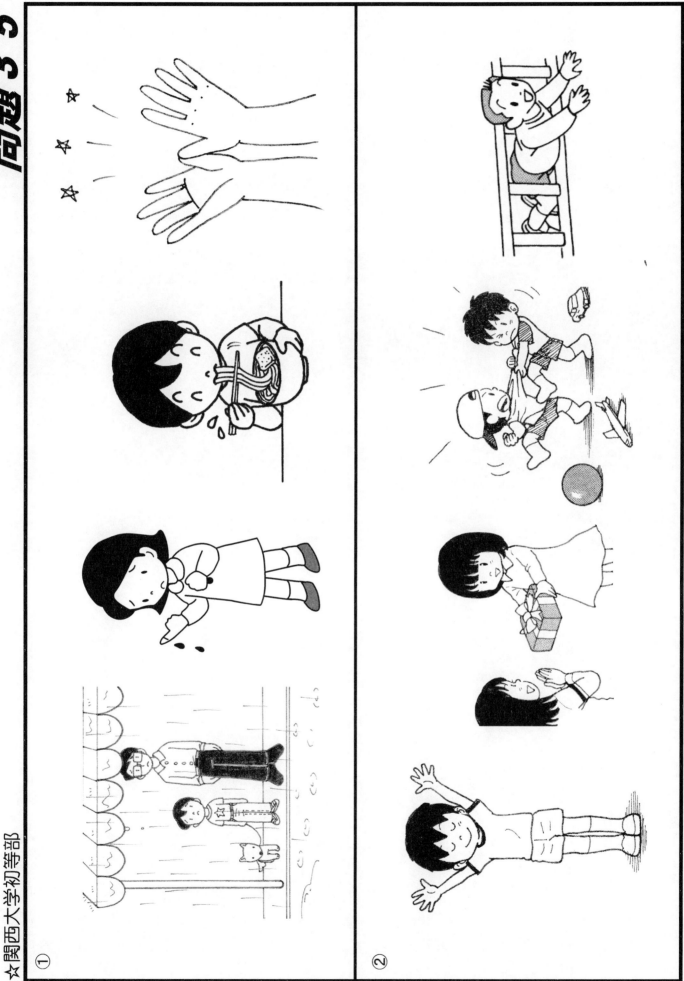

☆関西大学初等部

問題３６

①

②

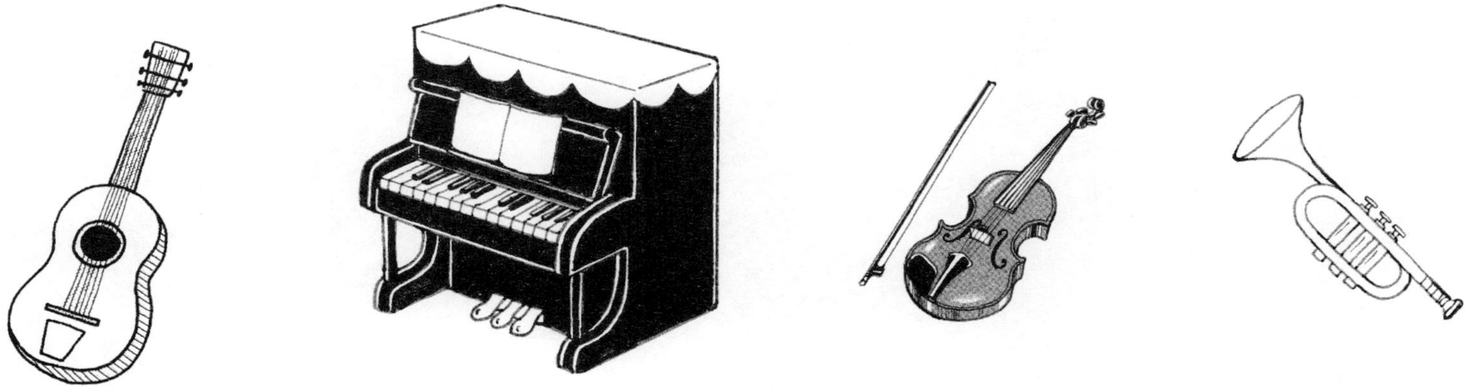

問題３ 7

☆関西大学初等部

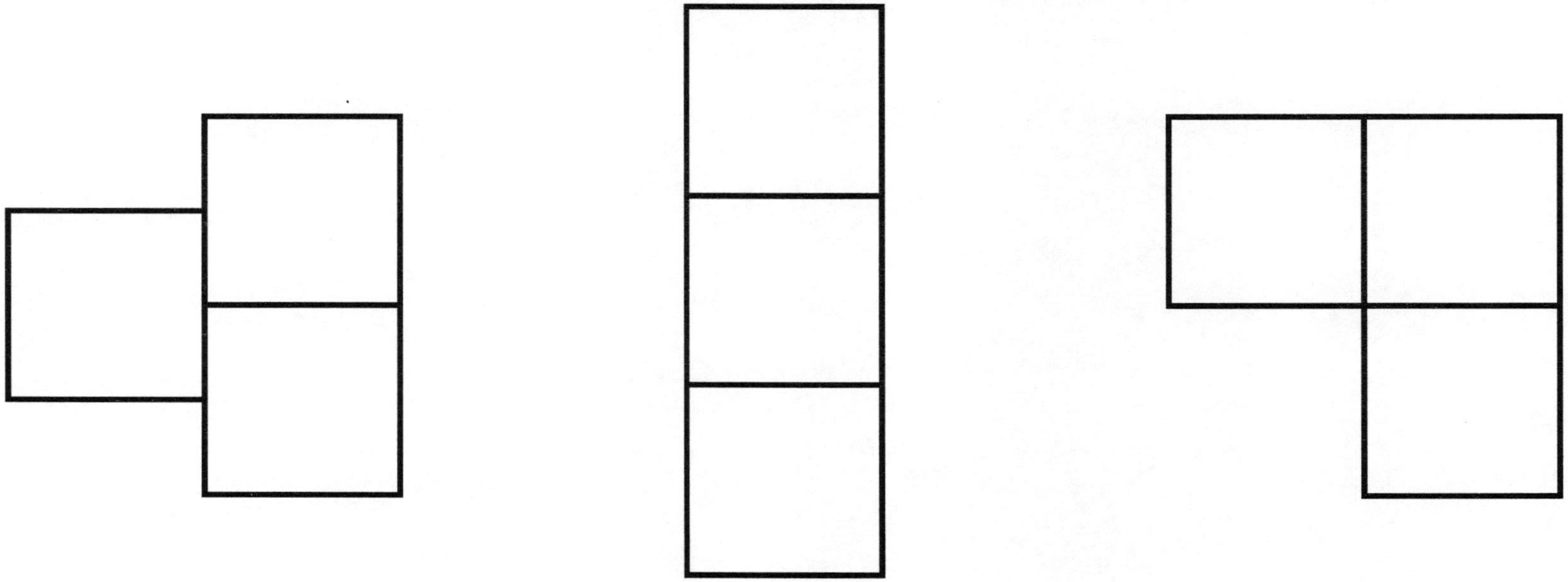

問題38

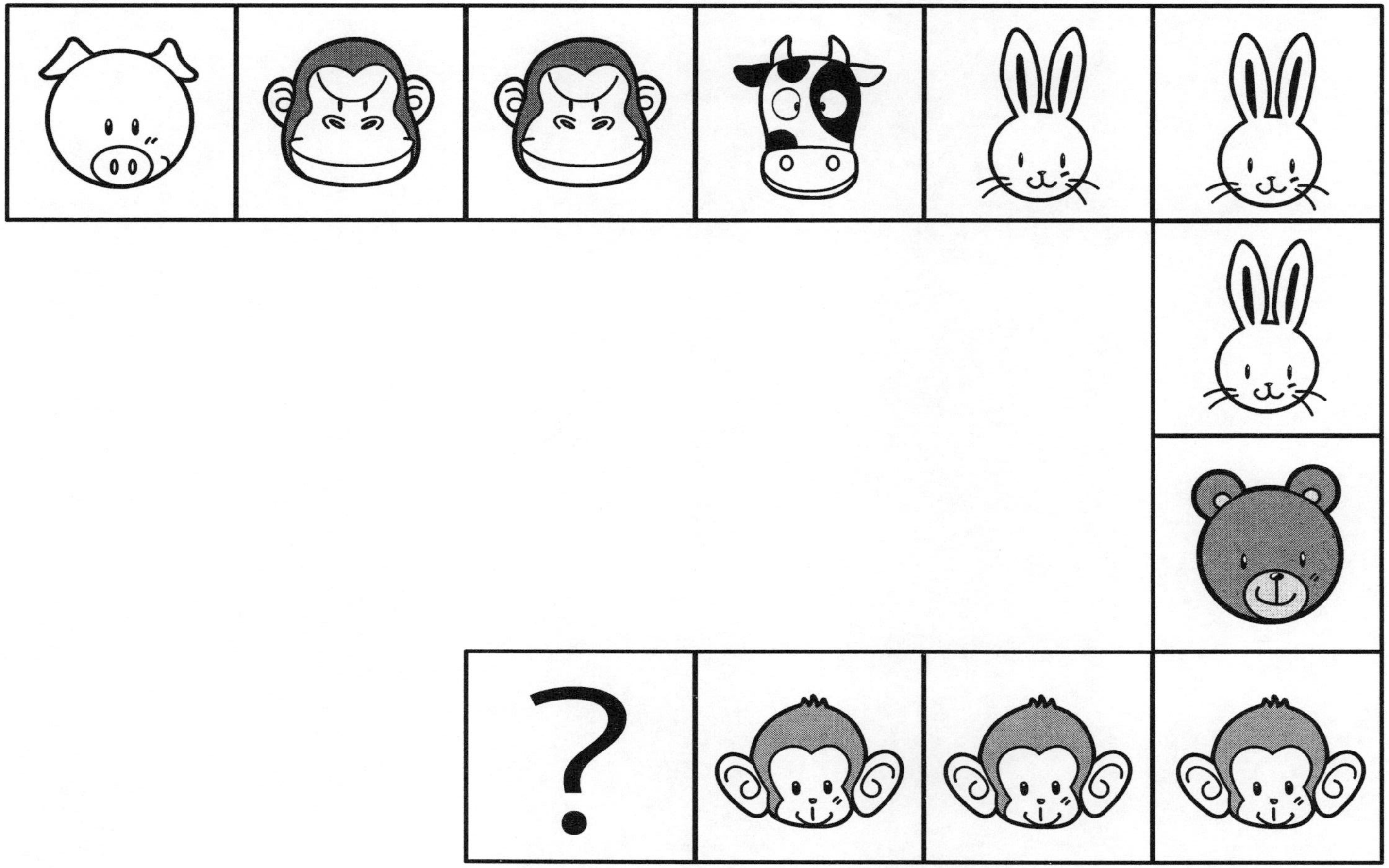

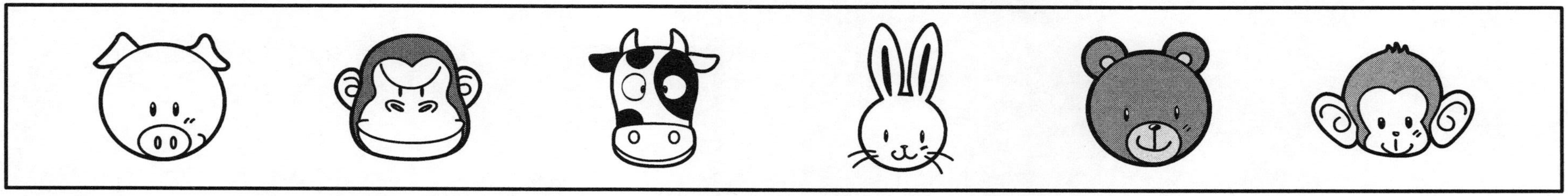

問題３９

2022年度版　追手門学院・関西大学　過去　無断複製／転載を禁ずる　　日本学習図書株式会社

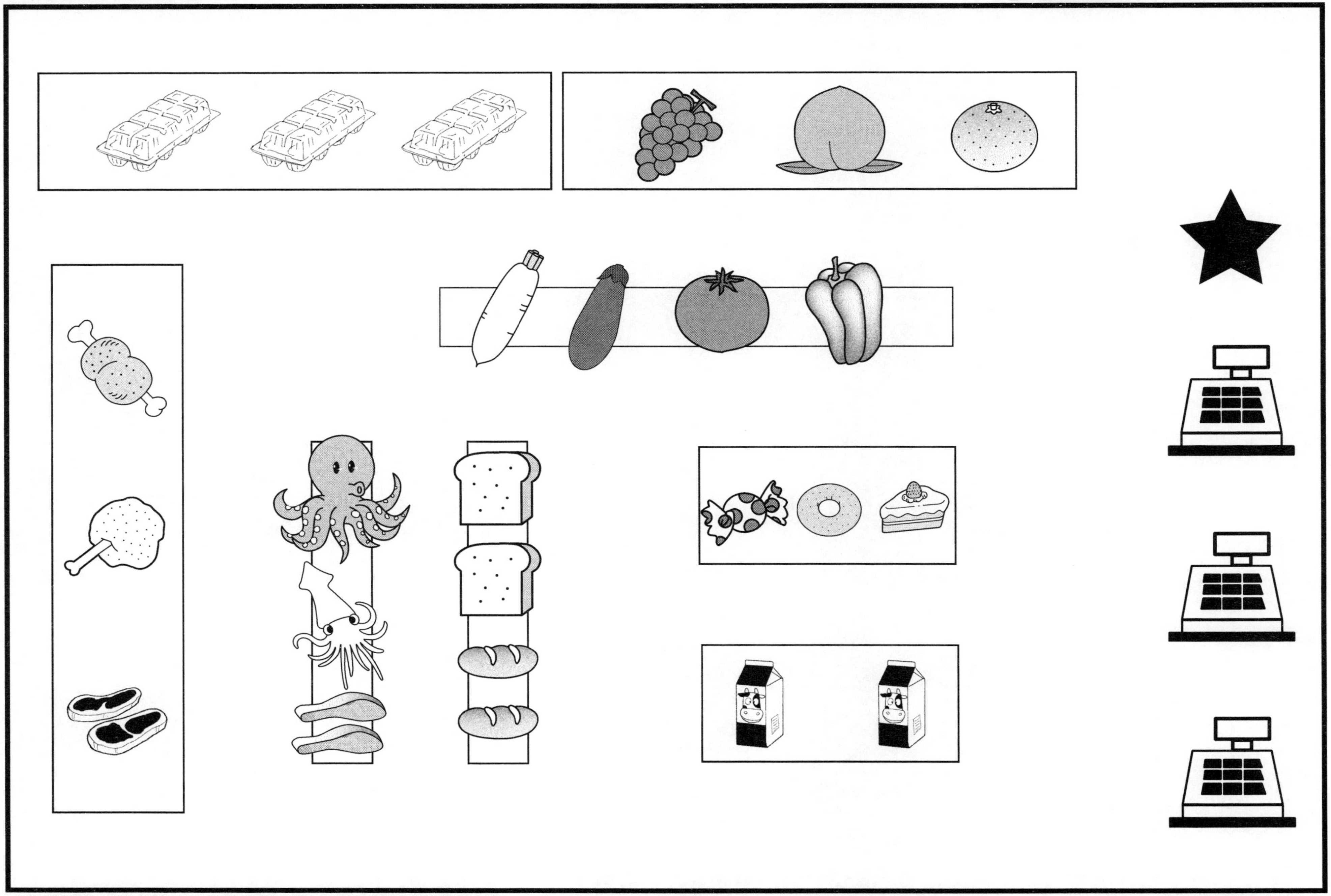

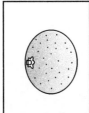

☆関西大学初等部

2022 年度版　追手門学院・関西大学　過去　無断複製／転載を禁ずる　　日本学習図書株式会社

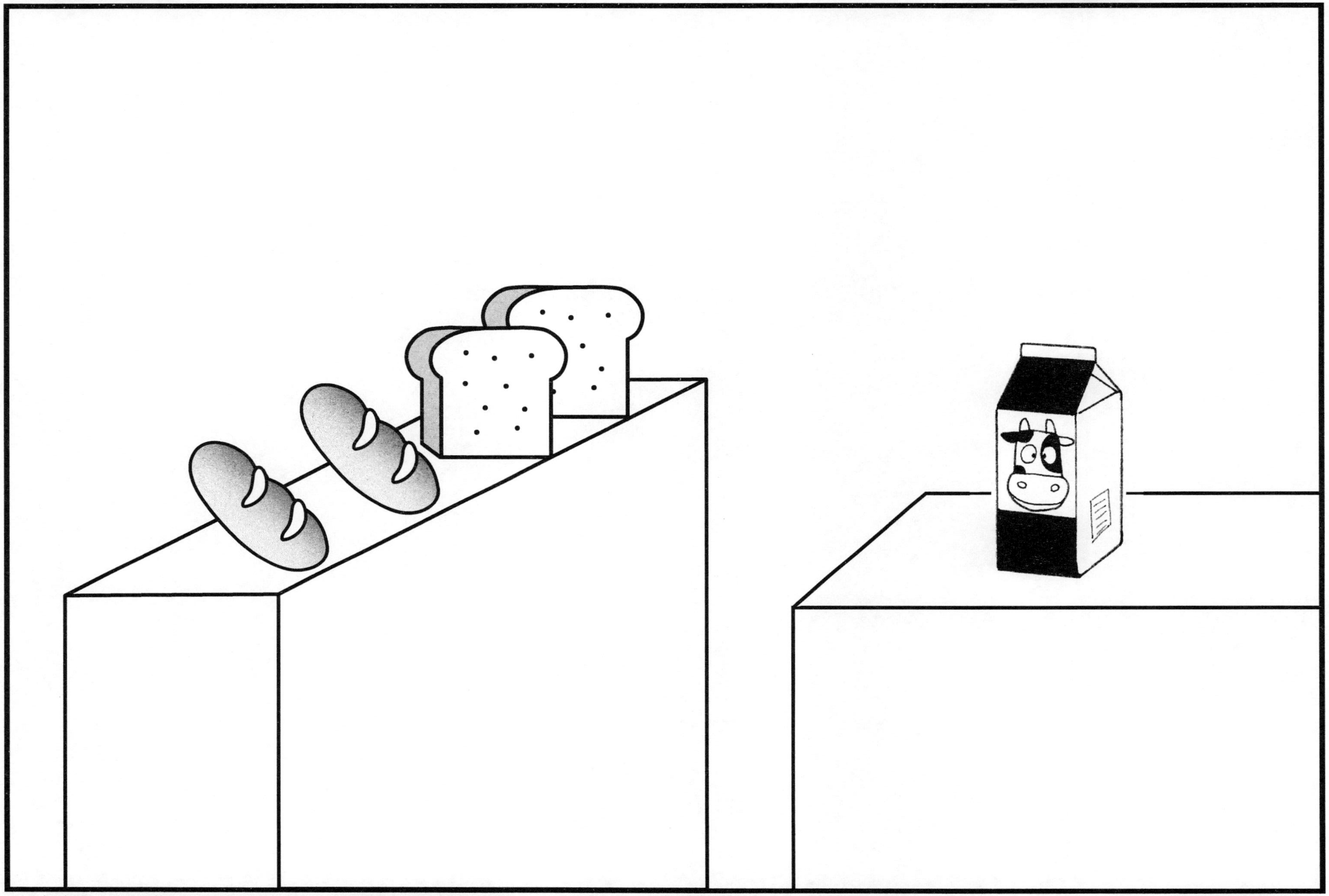

☆関西大学初等部

2022年度版　追手門学院・関西大学　過去　無断複製／転載を禁ずる　　日本学習図書株式会社

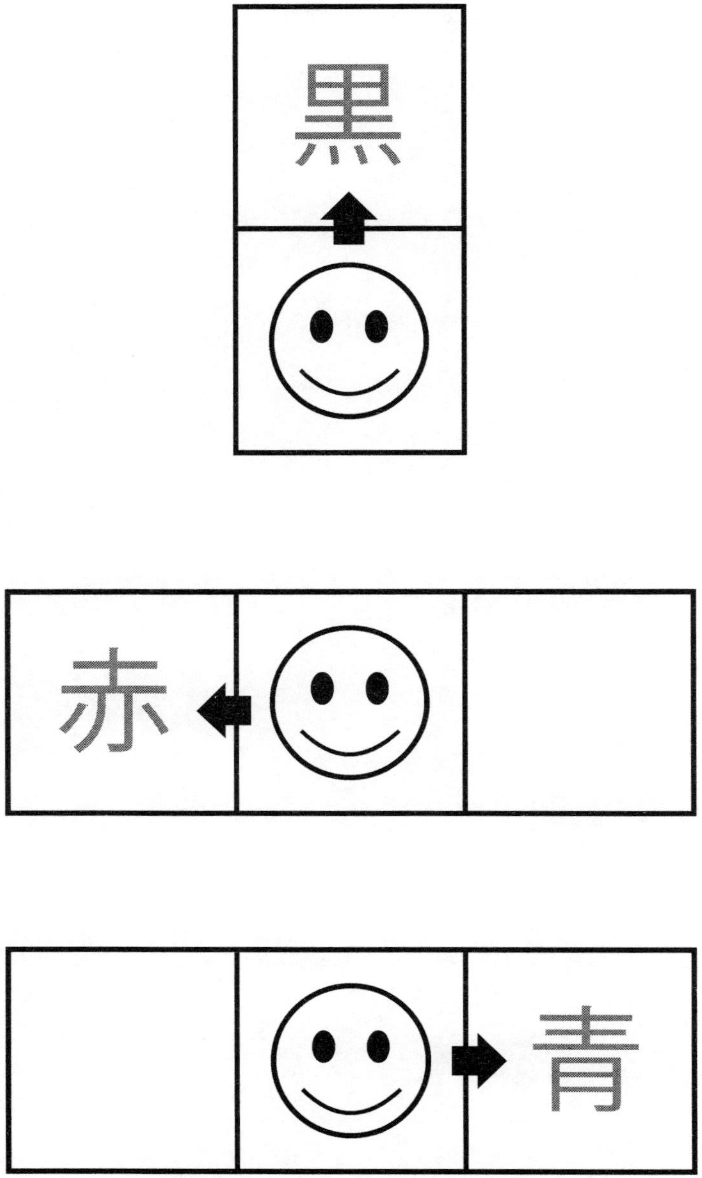

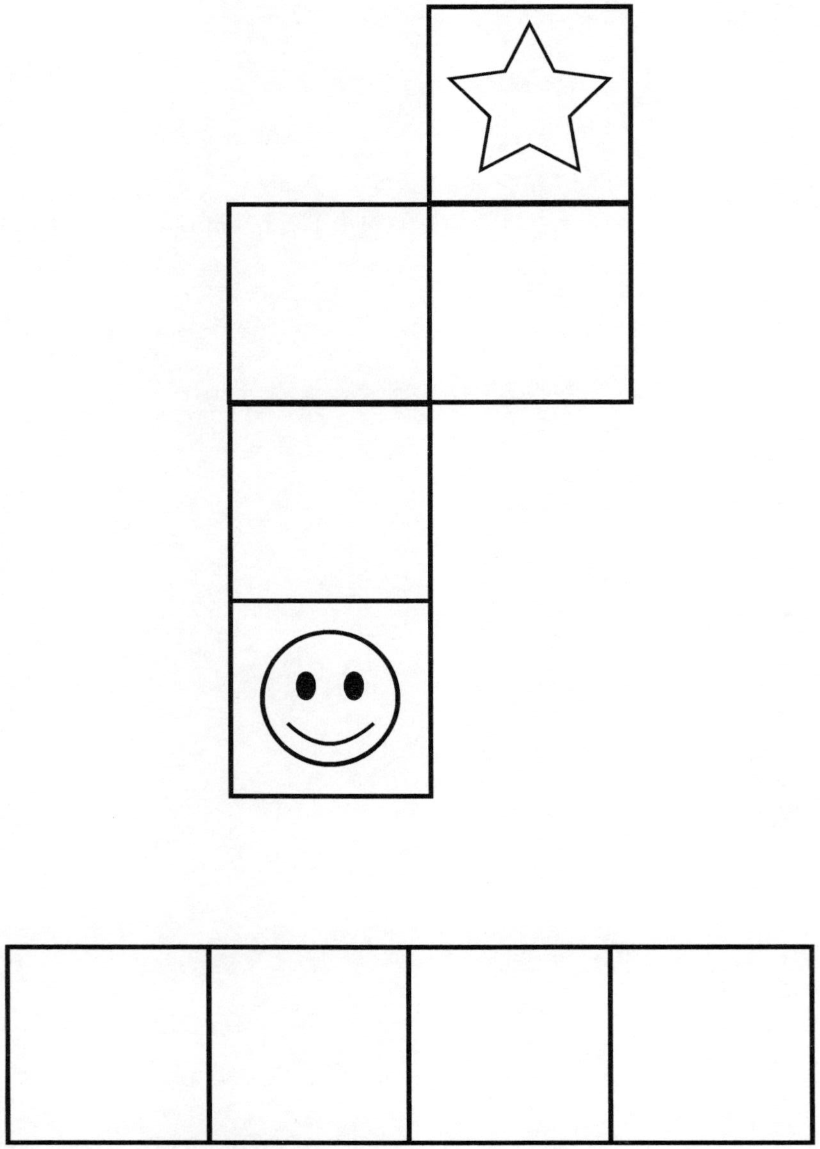

☆関西大学初等部

2022 年度版　追手門学院・関西大学　過去　無断複製／転載を禁ずる　　日本学習図書株式会社

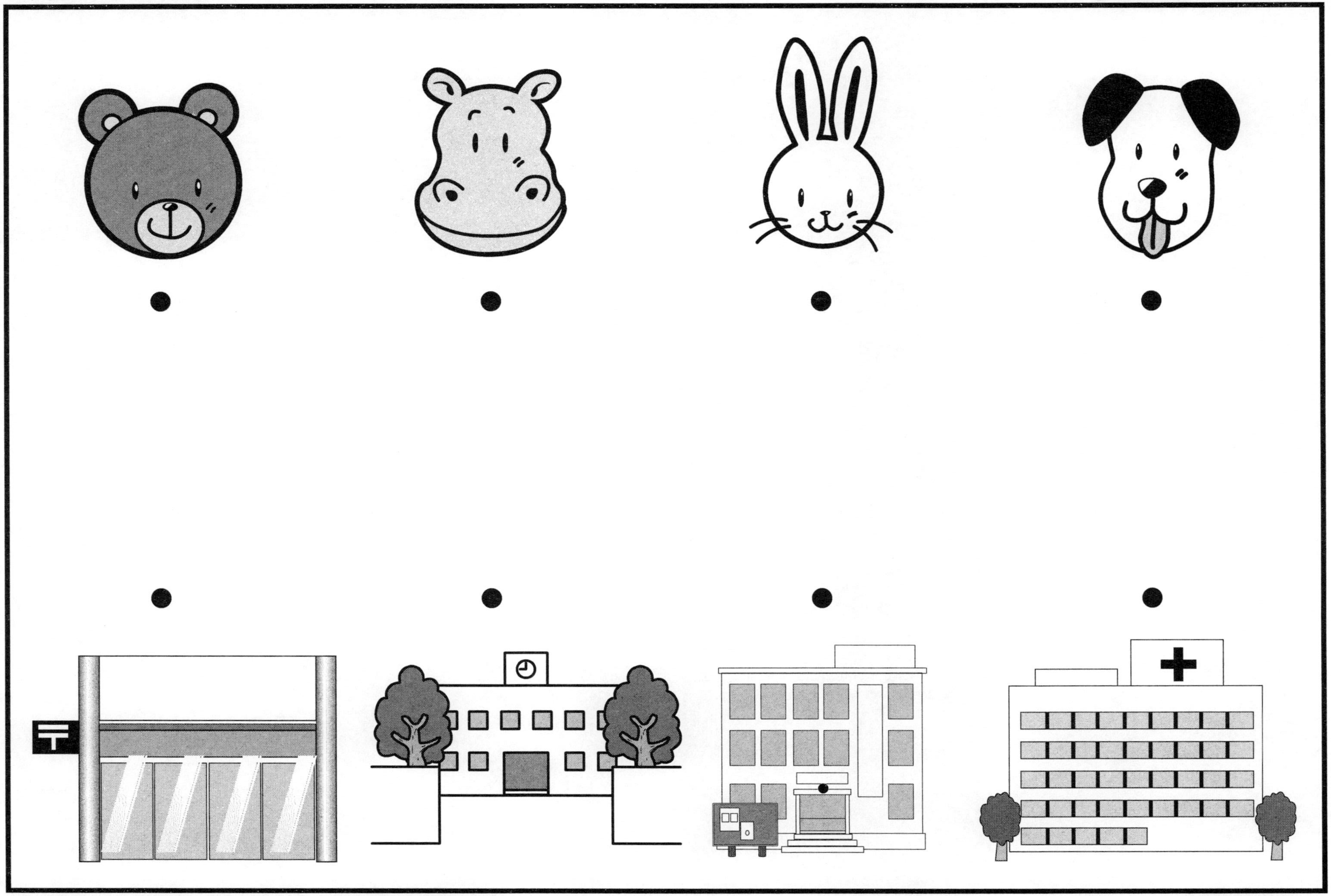

☆関西大学初等部

2022 年度版　追手門学院・関西大学　過去　無断複製／転載を禁ずる　日本学習図書株式会社

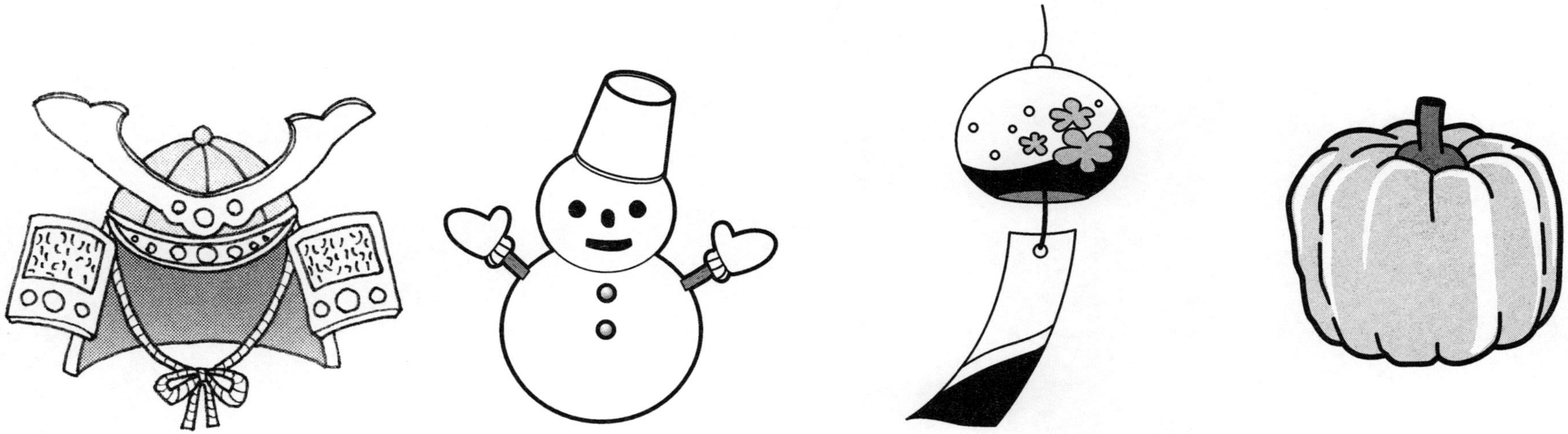

関西大学初等部　専用注文書

年　月　日

合格のための問題集ベスト・セレクション

＊入試頻出分野ベスト３

1st　常　識
知　識　公　衆

2nd　推　理
思考力　観察力

3rd　言　語
語　彙　知　識

幅広い分野の出題が多く、難問ぞろいですが、日常生活に近い知識を問うものなので、ふだんのくらしの中で身に付けられるものではあります。特徴的な出題が多いので対策は必須です。

分野	書　名	価格(税込)	注文	分野	書　名	価格(税込)	注文
図形	Ｊｒ・ウォッチャー3「パズル」	1,650円	冊	観察	Ｊｒ・ウォッチャー29「行動観察」	1,650円	冊
推理	Ｊｒ・ウォッチャー6「系列」	1,650円	冊	推理	Ｊｒ・ウォッチャー33「シーソー」	1,650円	冊
図形	Ｊｒ・ウォッチャー7「迷路」	1,650円	冊	常識	Ｊｒ・ウォッチャー34「季節」	1,650円	冊
図形	Ｊｒ・ウォッチャー10「四方からの観察」	1,650円	冊	数量	Ｊｒ・ウォッチャー38「たし算・ひき算1」	1,650円	冊
常識	Ｊｒ・ウォッチャー11「いろいろな仲間」	1,650円	冊	数量	Ｊｒ・ウォッチャー39「たし算・ひき算2」	1,650円	冊
常識	Ｊｒ・ウォッチャー12「日常生活」	1,650円	冊	図形	Ｊｒ・ウォッチャー47「座標の移動」	1,650円	冊
常識	Ｊｒ・ウォッチャー13「時間の流れ」	1,650円	冊	図形	Ｊｒ・ウォッチャー48「鏡図形」	1,650円	冊
数量	Ｊｒ・ウォッチャー14「数える」	1,650円	冊	図形	Ｊｒ・ウォッチャー54「図形の構成」	1,650円	冊
数量	Ｊｒ・ウォッチャー15「比較」	1,650円	冊	常識	Ｊｒ・ウォッチャー55「理科②」	1,650円	冊
数量	Ｊｒ・ウォッチャー16「積み木」	1,650円	冊	推理	Ｊｒ・ウォッチャー58「比較②」	1,650円	冊
言語	Ｊｒ・ウォッチャー17「言葉の音遊び」	1,650円	冊	言語	Ｊｒ・ウォッチャー60「言葉の音（おん）」	1,650円	冊
言語	Ｊｒ・ウォッチャー18「いろいろな言葉」	1,650円	冊		1話5分の読み聞かせお話集①・②	1,980円	各　冊
記憶	Ｊｒ・ウォッチャー19「お話の記憶」	1,650円	冊		お話の記憶 初級編	2,860円	冊
常識	Ｊｒ・ウォッチャー27「理科」	1,650円	冊		お話の記憶 中級編	2,200円	冊

合計	冊	円

（フリガナ） 氏　名	電　話 ＦＡＸ E-mail
住 所　〒　　　－	以前にご注文されたことはございますか。 有　・　無

★お近くの書店、または記載の電話・FAX・ホームページにてご注文をお受けしております。
電話：03-5261-8951　FAX：03-5261-8953　代金は書籍合計金額＋送料がかかります。
※なお、落丁・乱丁以外の理由による商品の返品・交換には応じかねます。
★ご記入頂いた個人に関する情報は、当社にて厳重に管理致します。なお、ご購入の商品発送の他に、当社発行の書籍案内、書籍に関する調査に使用させて頂く場合がございますので、予めご了承ください。

日本学習図書株式会社
http://www.nichigaku.jp

分野別 小学入試練習帳 ジュニアウォッチャー

1．点・線図形	小学校入試で出題頻度の高い『点・線図形』の模写を、難易度の低いものから段階別に幅広く練習することができるように構成。
2．座標	図形の位置模写という作業を、難易度の低いものから段階別に練習できるように構成。
3．パズル	様々なパズルの問題を難易度の低いものから段階別に練習できるように構成。
4．同図形探し	小学校入試で出題頻度の高い、同図形選びの問題を繰り返し練習できるように構成。
5．回転・展開	図形などを回転、または展開したとき、形がどのように変化するかを学習し、理解を深められるように構成。
6．系列	数、図形などの様々な系列問題を、難易度の低いものから段階別に練習できるように構成。
7．迷路	迷路の問題を繰り返し練習できるように構成。
8．対称	対称に関する問題を４つのテーマに分類し、各テーマごとに問題を段階別に練習できるように構成。
9．合成	図形の合成に関する問題を、難易度の低いものから段階別に練習できるように構成。
10．四方からの観察	もの（立体）を様々な角度から見て、どのように見えるかを推理する問題を段階別に整理し、１つの形式で複数の問題を練習できるように構成。
11．いろいろな仲間	ものや動物、植物の共通点を見つけ、分類していく問題を中心に構成。
12．日常生活	日常生活における様々な問題を６つのテーマに分類し、各テーマごとに一つの問題形式で複数の問題を練習できるように構成。
13．時間の流れ	『時間』に着目し、様々なものごとは、時間が経過するとどのように変化するのかということを学習し、理解できるように構成。
14．数える	様々なものを『数える』ことから、数の多少の判定やかけ算、わり算の基礎までを練習できるように構成。
15．比較	比較に関する問題を５つのテーマ（数、高さ、長さ、量、重さ）に分類し、各テーマごとに問題を段階別に練習できるように構成。
16．積み木	数える対象を積み木に限定した問題集。
17．言葉の音遊び	言葉の音に関する問題を５つのテーマに分類し、各テーマごとに問題を段階別に練習できるように構成。
18．いろいろな言葉	表現力をより豊かにするいろいろな言葉として、擬態語や擬声語、同音異義語、反意語、数詞を取り上げた問題集。
19．お話の記憶	お話を聴いてその内容を記憶、理解し、設問に答える形式の問題集。
20．見る記憶・聴く記憶	「見て憶える」「聴いて憶える」という『記憶』分野に特化した問題集。
21．お話作り	いくつかの絵を元にしてお話を作る練習をして、想像力を養うことができるように構成。
22．想像画	描かれてある形や景色に好きな絵を描くことにより、想像力を養うことができるように構成。
23．切る・貼る・塗る	小学校入試で出題頻度の高い、はさみやのりなどを用いた巧緻性の問題を繰り返し練習できるように構成。
24・絵画	小学校入試で出題頻度の高い、お絵かきやぬり絵などクレヨンやクーピーペンを用いた巧緻性の問題を繰り返し練習できるように構成。
25．生活巧緻性	小学校入試で出題頻度の高い日常生活の様々な場面における巧緻性の問題集。
26．文字・数字	ひらがなの清音、濁音、拗音、拗長音、促音と１～20までの数字に焦点を絞り、練習できるように構成。
27．理科	小学校入試で出題頻度が高くなりつつある理科の問題を集めた問題集。
28．運動	出題頻度の高い運動問題を種目別に分けて構成。
29．行動観察	項目ごとに問題提起をし、「このような時はどうか、あるいはどう対処するのか」の観点から問いかける形式の問題集。
30．生活習慣	学校から家庭に提起された問題と思って、一問一問絵を見ながら話し合い、考える形式の問題集。
31．推理思考	数、量、言語、常識（含理科、一般）など、諸々のジャンルから問題を構成し、近年の小学校入試問題傾向に沿って構成。
32．ブラックボックス	箱や筒の中を通ると、どのようなお約束でどのように変化するかを推理・思考する問題集。
33．シーソー	重さの違うものをシーソーに乗せた時どちらに傾くのか、またどうすればシーソーは釣り合うのかを思考する基礎的な問題集。
34．季節	様々な行事や植物などを季節別に分類できるように知識をつける問題集。
35．重ね図形	小学校入試で頻繁に出題されている「図形を重ね合わせてできる形」についての問題を集めました。
36．同数発見	様々な物を数え「同じ数」を発見し、数の多少の判断や数の認識の基礎を学べるように構成した問題集。
37．選んで数える	数の学習の基本となる、いろいろなものの数を正しく数える学習を行う問題集。
38．たし算・ひき算１	数字を使わず、たし算とひき算の基礎を身につけるための問題集。
39．たし算・ひき算２	数字を使わず、たし算とひき算の基礎を身につけるための問題集。
40．数を分ける	数を等しく分ける問題です。等しく分けたときに余りが出るものもあります。
41．数の構成	ある数がどのような数で構成されているか学んでいきます。
42．一対多の対応	一対一の対応から、一対多の対応まで、かけ算の考え方の基礎学習を行います。
43．数のやりとり	あげたり、もらったり、数の変化をしっかりと学びます。
44．見えない数	指定された条件から数を導き出します。
45．図形分割	図形の分割に関する問題集。パズルや合成の分野にも通じる様々な問題を集めました。
46．回転図形	「回転図形」に関する問題集。やさしい問題から始め、いくつかの代表的なパターンから、段階を踏んで学習できるよう編集されています。
47．座標の移動	「マス目の指示通りに移動する問題」と「指示された数だけ移動する問題」を収録。
48．鏡図形	鏡で左右反転させた時の見え方を考えます。平面図形から立体図形、文字、絵まで。
49．しりとり	すべての学習の基礎となる「言葉」を学ぶこと、特に「語彙」を増やすことに重点をおき、さまざまなタイプの「しりとり」問題を集めました。
50．観覧車	観覧車やメリーゴーラウンドなどを舞台にした「回転系列」の問題集。「推理思考」分野の問題ですが、要素として「図形」や「数量」も含みます。
51．運筆①	鉛筆の持ち方を学び、点線なぞり、お手本を見ながらの模写で、線を引く練習をします。
52．運筆②	運筆①からさらに発展し、「欠所補完」や「迷路」などを楽しみながら、より複雑な鉛筆運びを習得することを目指します。
53．四方からの観察 積み木編	積み木を使用した「四方からの観察」に関する問題を練習できるように構成。
54．図形の構成	見本の図形がどのような部分によって形づくられているかを考えます。
55．理科②	理科的知識に関する問題を集中して練習する「常識」分野の問題集。
56．マナーとルール	道路や駅、公共の場でのマナー、安全や衛生に関する常識を学べるように構成。
57．置き換え	さまざまな具体的・抽象的事象を記号で表す「置き換え」の問題を扱います。
58．比較②	長さ・高さ・体積・数などを数学的な知識を使わず、論理的に推測する「比較」の問題を練習できるように構成。
59．欠所補完	線と線のつながり、欠けた絵に当てはまるものなどを求める「欠所補完」に取り組める問題集です。
60．言葉の音（おん）	しりとり、決まった順番の音をつなげるなど、「言葉の音」に関する問題に取り組める練習問題集です。

◆◆ニチガクのおすすめ問題集◆◆

より充実した家庭学習を目指し、ニチガクではさまざまな問題集をとりそろえております!!

サクセスウォッチャーズ（全18巻）

①～⑱
本体各￥2,200＋税

全9分野を「基礎必修編」「実力アップ編」の2巻でカバーした、合計18冊。

各巻80問と豊富な問題数に加え、他の問題集では掲載していない詳しいアドバイスが、お子さまを指導する際に役立ちます。

各ページが、すぐに使えるミシン目付き。本番を意識したドリルワークが可能です。

ジュニアウォッチャー（既刊60巻）

①～⑥⓪（以下続刊）
本体各￥1,500＋税

入試出題頻度の高い9分野を、さらに60の項目にまで細分化。基礎学習に最適のシリーズ。

苦手分野におけるつまずきを、効率よく克服するための60冊です。

ポイントが絞られているため、無駄なく高い効果を得られます。

国立・私立NEWウォッチャーズ

言語／理科／図形／記憶
常識／数量／推理
本体各￥2,000＋税

シリーズ累計発行部数40万部以上を誇る大ベストセラー「ウォッチャーズシリーズ」の趣旨を引き継ぐ新シリーズ!!

実際に出題された過去問の「類題」を32問掲載。全問に「解答のポイント」付きだから家庭学習に最適です。「ミシン目」付き切り離し可能なプリント学習タイプ！

実践 ゆびさきトレーニング①・②・③

本体各￥2,500＋税

制作問題に特化した一冊。有名校が実際に出題した類似問題を35問掲載。

様々な道具の扱い（はさみ・のり・セロハンテープの使い方）から、手先・指先の訓練（ちぎる・貼る・塗る・切る・結ぶ）、また、表現することの楽しさも経験できる問題集です。

お話の記憶・読み聞かせ

［お話の記憶問題集］
中級／上級編
本体各￥2,000＋税

初級／過去類似編／ベスト30
本体各￥2,600＋税

1話5分の読み聞かせお話集①・②、入試実践編①
本体各￥1,800＋税

あらゆる学習に不可欠な、語彙力・集中力・記憶力・理解力・想像力を養うと言われているのが「お話の記憶」分野の問題。問題集は全問アドバイス付き。

分野別 苦手克服シリーズ（全6巻）

図形／数量／言語／
常識／記憶／推理
本体各￥2,000＋税

数量・図形・言語・常識・記憶の6分野。アンケートに基づいて、多くのお子さまがつまづきやすい苦手問題を、それぞれ40問掲載しました。

全問アドバイス付きですので、ご家庭において、そのつまづきを解消するためのプロセスも理解できます。

運動テスト・ノンペーパーテスト問題集

新 運動テスト問題集
本体￥2,200＋税

新 ノンペーパーテスト問題集
本体￥2,600＋税

ノンペーパーテストは国立・私立小学校で幅広く出題される、筆記用具を使用しない分野の問題を全40問掲載。

運動テスト問題集は運動分野に特化した問題集です。指示の理解や、ルールを守る訓練など、ポイントを押さえた学習に最適。全35問掲載。

口頭試問・面接テスト問題集

新 口頭試問・個別テスト問題集
本体￥2,500＋税

面接テスト問題集
本体￥2,000＋税

口頭試問は、主に個別テストとして口頭で出題解答を行うテスト形式。面接は、主に「考え」やふだんの「あり方」をたずねられるものです。

口頭で答える点は同じですが、内容は大きく異なります。想定する質問内容や答え方の幅を広げるために、どちらも手にとっていただきたい問題集です。

小学校受験 厳選難問集 ①・②

本体各￥2,600＋税

実際に出題された入試問題の中から、難易度の高い問題をピックアップし、アレンジした問題集。応用問題への挑戦は、基礎の理解度を測るだけでなく、お子さまの達成感・知的好奇心を触発します。

①は数量・図形・推理・言語、②は位置・常識・比較・記憶分野の難問を掲載。それぞれ40問。

国立小学校 対策問題集

国立小学校入試問題A・B・C（全3巻）本体各￥3,282＋税

新 国立小学校直前集中講座
本体￥3,000＋税

国立小学校頻出の問題を厳選。細かな指導方法やアドバイスが掲載してあり、効率的な学習が進められます。「総集編」は難易度別にA～Cの3冊。付録のレーダーチャートにより得意・不得意を認識でき、国立小学校受験対策に最適です。入試直前の対策には「新 直前集中講座」！

おうちでチャレンジ ①・②

本体各￥1,800＋税

関西最大級の模擬試験である小学校受験標準テストのペーパー問題を編集した実力養成に最適な問題集。延べ受験者数10,000人以上のデータを分析しお子さまの習熟度・到達度を一目で判別。

保護者必読の特別アドバイス収録！

Q&Aシリーズ

『小学校受験で知っておくべき125のこと』
『小学校受験に関する保護者の悩みQ&A』
『新 小学校受験の入試面接Q&A』
『新 小学校受験 願書・アンケート文例集500』
本体各￥2,600＋税

『小学校受験のための
願書の書き方から面接まで』
本体￥2,500＋税

「知りたい！」「聞きたい！」「こんな時どうすれば…？」そんな疑問や悩みにお答えする、オススメの人気シリーズです。

書籍についてのご注文・お問い合わせ
☎ 03-5261-8951

http://www.nichigaku.jp
※ご注文方法、書籍についての詳細は、Webサイトをご覧ください。

日本学習図書 検索

家庭学習をトータルサポート！ ニチガクのオリジナル 効果的 学習法

1 まずは アドバイスページを読む！

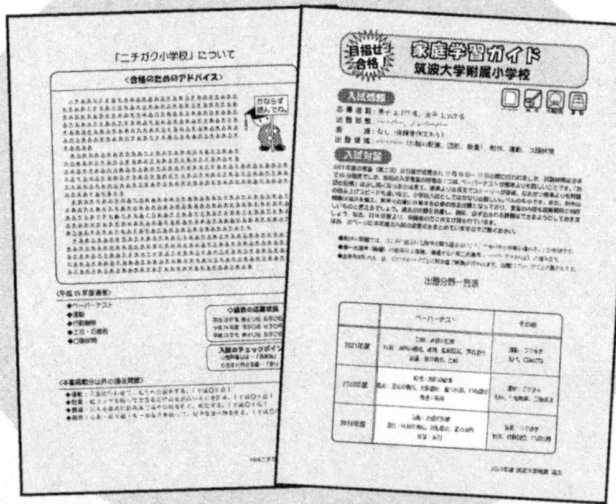

対策や試験ポイントがぎっしりつまった「家庭学習ガイド」。分野アイコンで、試験の傾向をおさえよう！

2 問題をすべて読み、出題傾向を把握する

3 「学習のポイント」で学校側の観点や問題の解説を熟読

4 はじめて過去問題にチャレンジ！

5 プラスα 対策問題集や類題で力を付ける

過去問のこだわり

ピンク色です

最新問題は問題ページ、イラストページ、解答・解説ページが独立しており、お子さまにすぐに取り掛かっていただける作りになっています。
ニチガクの学校別問題集ならではの、学習法を含めたアドバイスを利用して効率のよい家庭学習を進めてください。

各問題のジャンル

問題7 分野：図形（図形の構成） Aグループ男子

〈解答〉 下図参照

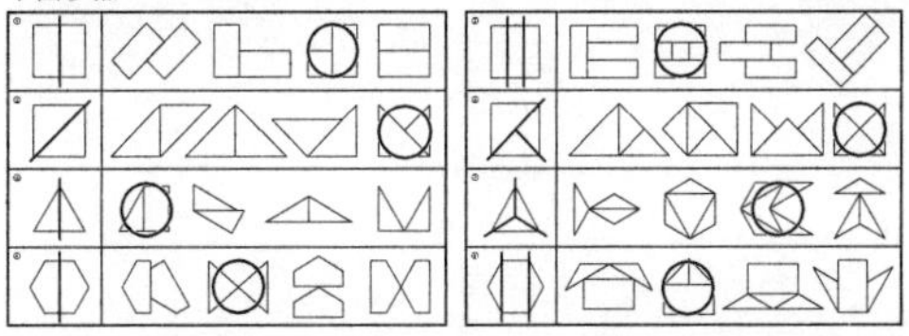

図形の構成の問題です。解答時間が圧倒的に短いので、直感的に答えないと全問答えることはできないでしょう。例年ほど難しい問題ではないので、ある程度準備をしたお子さまなら可能のはずです。注意すべきなのはケアレスミスで、「できないものはどれですか」と聞かれているのに、できるものに○をしたりしてはおしまいです。こういった問題では基礎とも言える問題なので、もしわからなかった場合は基礎問題を分野別の問題集などでおさらいしておきましょう。

【おすすめ問題集】
★筑波大附属小学校図形攻略問題集①②★（書店では販売しておりません）
Jr・ウォッチャー9「合成」、54「図形の構成」

学習のポイント

各問題の解説や学校の観点、指導のポイントなどを教えます。
今日から保護者の方が家庭学習の先生に！

おすすめ対策問題集

分野ごとに対策問題集をご紹介。苦手分野の克服に最適です！
＊専用注文書付き。

2022年度版 追手門学院小学校 関西大学初等部 過去問題集

発行日 2021年7月1日
発行所 〒162-0821 東京都新宿区津久戸町 3-11-9F
日本学習図書株式会社
電 話 03-5261-8951 ㈹

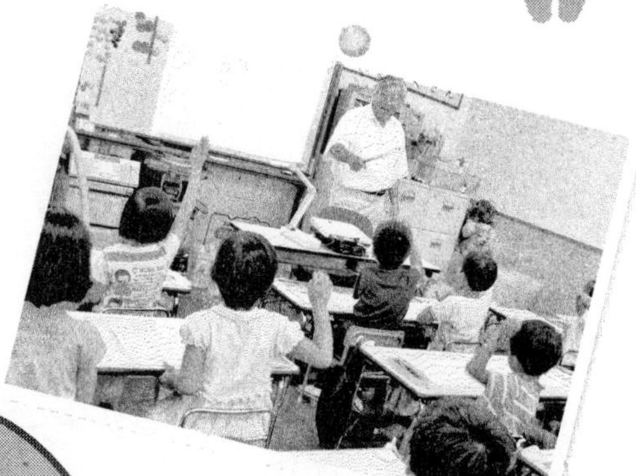

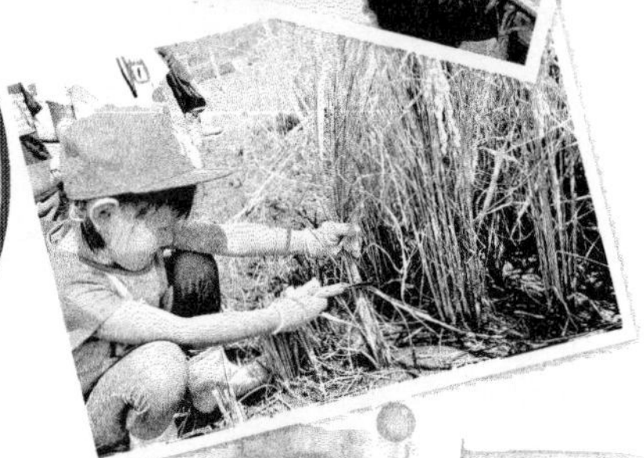

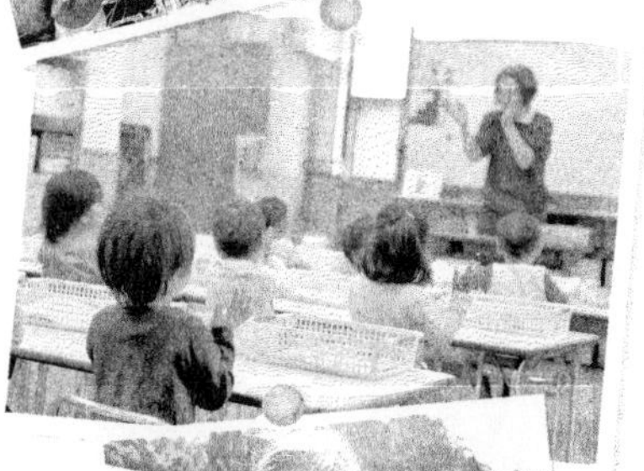

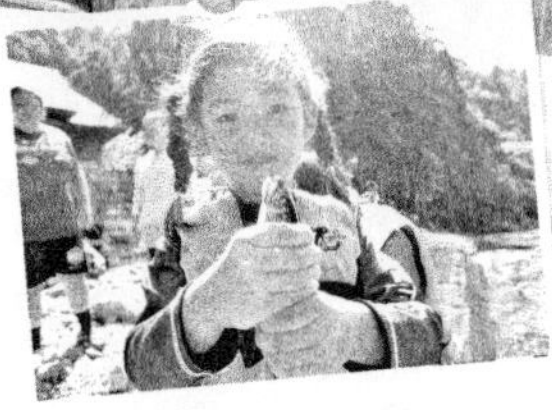

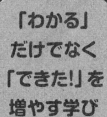

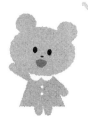